특별한 영유아

모노그래프 시리즈 2 호 Natural Environments and Inclusion

자연적 환경과 통합

Susan Sandall · Michaelene Ostrosky 편저

김진희 · 백유순 공역

학지사

Natural Environments and Inclusion

by Susan Sandall, Michaelene Ostrosky

역·자·서·문

원저 *Young Exceptional Children(YEC) Monograph Series*는 특수아동협회 유아교육분과[The Division for Early Childhood(DEC) of the Council for Exceptional Children(CEC)]의 출판물 중 하나로서 1999년부터 출간되기 시작하였습니다. 모노그래프란 특정 주제에 관한 상세하고 실증적인 논문들을 모은 것이라고 할 수 있는데, YEC 모노그래프 시리즈는 장애가 있거나 발달이 지체된 아동, 영재아동, 발달이 지체될 위험이 있는 아동, 학교생활에 어려움이 예상되는 아동 등 0~8세 사이의 아동을 대상으로 일하는 교사, 유아교육(보육) 종사자, 행정가, 치료사, 가족 구성원 등을 위하여 기획되었습니다. 시리즈 각 호는 조기중재 및 유아특수교육 분야의 중요한 주제를 다루며 실제(practices)에 직접적인 도움이 되는 내용으로 구성되었습니다. 근거 중심(evidence-based)의 연구결과를 전문가와 가족에게 효과적이고 유용한 전략으로 바꾸어 소개하는 것이 모노그래프 시리즈의 주요 목표 중 하나라고 할 수 있습니다. 따라서 시리즈에 수록된 글들은 탄탄한 이론 혹은 연구 기반을 갖고 있으며, 또한 광범위한 독자층을 고려하여 읽기 쉽게 쓰여 있습니다.

YEC 모노그래프 각 시리즈에서 다루는 주제는 도전적 행동에 대처하는 실제적 아이디어(1호), 자연적 환경과 통합(2호), 유아의 발달을 지원하는 교수 전략(3호), 의미 있는 정보를 수집하는 진단평가(4호), 가족 기반의 실제(5호), 학제간의 팀들(6호), 초기 문식성 발달 지원(7호), 사회 · 정서 발달(8호), 아동 및 가족 성과와 교육과정의 연결(9호), 조기중재의 실제와 성과(10호)입니다.

역자들은 Young Exceptional Children을 '특수유아'가 아닌 '특별한 영유아'라고 번역하였는데, '특수유아'라는 표현이 혹여 유아들을 동질집단화하지 않을까 하는 우려 때문이었습니다. 그래서 서로 다른 발달을 보이는 개별 영유아에게 초점을 맞추는 의미에서 '특별한 영유아'로 번역하였음을 밝힙니다.

특별한 영유아 모노그래프 시리즈의 번역은 여러 사람의 노력과 지원이 없었으면 불가능하였습니다. 번역계획은 2006년 가을 미국 아칸사스(Arkansas) 주 리틀락(Little Rock)에서 열린 DEC 콘퍼런스에서 시작되었습니다. 당시 DEC 다문화 활동위원회(Multicultural Activities Committee)의 위원장으로 활동하고 있던 브래들리 대학교 이화(Hwa Lee) 교수의 적극적인 추천과 지원으로 모노그래프 시리즈를 한국어로 번역 출간하는 것에 대해 DEC 회장단으로부터 매우 긍정적인 답변을 들었습니다. 그러나 DEC의 출판물을 외국에서 번역 출판하는 작업이 전무하였던 관계로 실제 계약까지의 진행은 매우 더디게 이루어졌습니다. 하지만 그 시간 동안 포기하지 않게 역자들을 믿어 준 분이 있는데, 그분들께 감사를 드립니다. 특히 계속적으로 관심을 가지고 국내에서 번역 출간이 되도록 적극적인 지원을 아끼지 않은 이화 교수께 감사의 말씀을 드립니다. 그리고 한국에서의 출간을 지지하고 신뢰해 준 DEC 회장단을 비롯한 관계자들에게 감사의 마음을 전합니다. 또한 이 책이 나오도록 애써 주신 학지사의 김진환 사장님과 직원 여러분께 감사를 드리며, 마지막으로 언제나 든든하게 힘이 되어 주는 사랑하는 가족에게 고마움을 전합니다.

2010년

역자 일동

편·저·자·서·문

특별한 영유아 모노그래프 시리즈 2호에서는 자연적 환경과 통합을 다루고 있습니다. 특수아동협회 유아교육분과(DEC) 회원과 학회 참석자들을 대상으로 실시한 설문조사 결과에 따라 이 주제가 선정된 것입니다.

자연적 환경과 통합에 초점을 맞춘 모노그래프는 시의적절한 선택이라 여깁니다. 장애가 있거나 특별한 요구를 가진 아동이 비장애 아동과 함께하는 환경과 활동에 점점 더 많이 참여하고 있습니다. 이러한 환경에서 교육이나 서비스 제공자들은 모든 아동에게 최적의 서비스와 교육을 제공하기 위해 도움을 찾고 있습니다. 통합에 관한 DEC의 성명서(position statement)는 학회의 신념에 대해 명확하게 밝히고 있습니다. 독자는 이 성명서를 복사하여 동료와 공유하기 바랍니다.

장애가 있는 아동을 가정과 지역사회 환경에 통합하는 것과 관련하여 우리가 두 가지 용어를 왜 사용하는지 설명하고자 합니다. 통합(inclusion)은 장애를 지닌 유아에게 실제적인 서비스 선택권입니다. 장애유아 중 50% 이상이 어떠한 형태로든 통합환경에서 교육적 서비스를 받고 있습니다(U.S. Department of Education, 1998). 그 밖에 많은 유아들이 레크리에이션 활동, 보육시설, 종교활동 등에서 비장애 또래와 함께 활동에 참여하고 있습니다. 유치원 통합을 지지하는 연구결과들이 상당히 있고 통합 프로그램과 서비스에의 참여가 가능함에도 불구하고 몇 가지 문제점들이 남아 있습니다. Odom(2000)은 이 문제점들 중 다수는 서비스의 질, 서비스의 강도 및 전문성, 유아에게 유의미한 사회적 경험 창출 등과 관련 있으며, 또한 효과적이고 지속적인 통합 서비스에 필요한 하부 구조(infra-structure) 관련 이슈들은 해결되어야 한다고 밝혔습니다. 본 모노그래프에서는 이러한 이슈 몇 가지를 다루고 있습니다.

"자연적 환경(natural environments)"은 「장애인교육법」(IDEA, Part C)에 있는 용어입니다. 이 법에 따르면, 자연적 환경은 "아동과 같은 연령의 비장애 또래에게 자연적인 또는 정상적인 환경"(34 CFR: 미국 연방 규정집[Code of Federal Regulations of the United States] Part 303.18)입니다. 이 용어는 1989년부터 법에서 사용되었으며, 1997년 법이 개정되면서 요구조항(requirement)으로 강화되었습니다. 현재 많은 주정부, 지역사회 프로그램 및 조기중재자들은 자신들이 변화의 한가운데에 있음을 절감할 것입니다. 이들은 장애를 지닌 영아와 그 가족에게 자연적 환경에서 종합적이고 통합적인 가족중심 서비스를 제공하는 것과 관련한 여러 가지 문제들로 고심하고 있을 것입니다. 모노그래프 시리즈 2호는 자연적 환경에서의 조기중재가 '언제' '어디서' 이루어지는지, 그리고 '어떻게' 제공되는지에 대한 내용을 담고 있습니다.

서비스 제공자 및 가족이 조기중재의 변화에 대해 갖는 궁금증을 다루는 두 편의 논문이 있습니다. Walsh, Rous, Lutzer는 여러 주정부의 실례와 법 규정을 인용하여 설명하였으며, McWillams는 이러한 변화가 지니는 잠재적인 장점들을 제시하였습니다. 특히 McWilliams는 가족과 전문가에게 실질적인 방향 제시를 하고 있습니다. 보육시설(child care centers)은 많은 아동에게 자연적 환경이 됩니다. 그래서 Craig, Haggart, Gold, Hull은 통합보육이 성공하려면, 보육시설장의 역할이 핵심적이라는 사실을 지적하고 있습니다. 저자들은 자신들이 경험한 보육시설 환경에 비추어 보육시설장과 협력하는 실제적인 전략을 제시하고 있습니다. Dunst, Herter, Shields는 지역사회 중심의 다양한 활동 및 환경에서 자연적 학습환경을 충분히 활용할 수 있는 방법을 독자가 찾을 수 있도록 도움을 제공합니다. 유아의 지역사회 참여를 강화하기 위해 유아의 흥미를 파악하는 구체적인 방법을 알려 주고 있습니다.

또한 3~5세 유아에게 초점을 맞춘 논문이 세 편 있습니다. Horn과 Sandall은 순회교수모형(itinerant teaching model)을 제시하며, 이 모형을 효과적으로 실시하는 데 필요한 전략을 제공하고 있습니다. Diamond와 Stacey는 통합학급과 통합환경에 참여하는 모든 아동에 대해 생각하게 합니다. 저자들은 실제 경험에 근거하여, 아동의 긍정적인 태도를 기를 수 있는 유용한 조언들을 제공합니다. Hull, Venn, Lee, Van Buren은 유아를 다양한 활동과 환경에 참여시키기 위한 계획과 지원의 중요성에 대해 논하고 있습니다. 마지막으로, Catlett의 칼럼 '적절한 자원(resources within reason)'은 자연적 환경과 통합에 관한 자원을 추가적으로 제공하고 있습니다.

요약하면, 본 모노그래프에 실린 논문들은 주요 이슈에 초점을 맞추고 있습니다. 저자들은 아동과 가족이 자연적인 환경에 성공적으로 참여할 수 있는 전략과 제안을 제공하고 있습니다. 이 자리를 빌려, 특별한 영유아 모노그래프 시리즈 2호에 논문을 투고한 저자들과 이를 심사해 준 분들께 감사의 말씀을 드립니다.

참고문헌

Odom, S. L. (2000). Preschool inclusion: What we know and where we go from here. *Topics in Early Childhood Special Education, 20*(1), 20-27.

U.S. Department of Education (1998). *To assure free appropriate public education of all children with disabilities: Twentieth annual report to Congress on the implementation of the Individuals with Disabilities Act.* Washington, DC: Author.

공동편집자:

Susan Sandall
(206) 543-4011
ssandall@u.washington.edu

Michaelene Ostrosky
(217) 333-0260
ostrosky@uiuc.edu

차 · 례

THE DIVISION FOR EARLY CHILDHOOD

통합에 관한 DEC의 입장

1993년 4월 채택
1993년 12월 개정
1996년 재확인
2000년 갱신

통합(inclusion)은 하나의 가치관으로서 모든 아동이 능력에 상관없이 지역사회 내 자연적인 환경에 적극적으로 참여할 수 있는 권리를 지원한다. 자연적 환경(natural settings)이란 아동이 장애를 지니지 않았더라면 시간을 보냈을 환경을 의미한다. 이러한 환경은 다음과 같은 환경을 포함한다. 즉, 가정, 유치원(preschool), 보육원(nursery school), 헤드 스타트 프로그램(head start program), 유치원(kindergarten), 집 근처 학교 학급(neighborhood school classrooms), 보육시설(child care), 교회(places of worship), 레크리에이션(recreational) 프로그램(예: 지역사회 놀이터, 지역사회 이벤트), 그리고 모든 아동과 가족이 즐기는 환경 등이다.

특수아동협회 유아교육분과[Division for Early Childhood(DEC)

of the Council for Exceptional Children(CEC)]는 유아와 가족이 가정과 지역사회 생활에서 건강 서비스, 사회 서비스, 교육 서비스, 그 밖에 기타 지원 서비스에 충분히 그리고 성공적으로 접근할 수 있도록 지원하고 옹호한다. 또한 DEC는 가족의 문화적, 경제적, 교육적 다양성을 존중하고 가족이 주도적으로 서비스 프로그램을 선택하도록 지지한다. 유아가 집단 환경(예: 놀이 집단, 보육시설, 유치원)에 참여할 때는 발달적으로나 개별적으로 적절한 교육과정에 적극적으로 참여할 수 있게 해야 한다. 유아가 자신의 연령에 적합한 일반 교육과정에 적극적으로 참여하는 것이 바로 전문적인 지원 서비스 제공의 핵심이 된다.

DEC는 통합을 실제 현장에서 실시하는 데 있어서 다음과 같은 사항을 지지한다. 즉, ① 모든 아동을 위한 양질의 완전통합 지원(full inclusion supports) 및 서비스와 체계의 지속적인 개발, 실시, 평가 및 보급, ② 가족, 서비스 제공자 및 행정가들이 통합환경에서 자신의 역할을 잘 수행하도록 돕는 사전교육 및 재교육 프로그램 개발, ③ 통합을 지원하는 행 · 재정적 절차를 융통성 있게 실시하기 위한 주요 책임자 간 협력, ④ 추천 실제(recommended practices)에 관한 지식을 쌓는 데 도움이 되는 연구 활동, ⑤ 모든 아동과 가족의 요구에 더욱 부응하기 위한 사회적, 교육적 지원과 건강 및 중재 서비스의 통합과 재구조화 등이다. 통합을 실시함으로써 각 아동과 가족은 궁극적으로 최적의 발달을 이룰 수 있어야 한다.

미국 장애인교육법의 자연적 환경에 대한 조항

성공적으로 실행하기

Sharon Walsh, M.A., Walsh Taylor, Inc.
Beth Rous, M.Ed., University of Kentucky
Christie Lutzer, M.A., University of Kentucky

미국 「장애인교육법(Individuals with Disabilities Education Act: IDEA)」의 의무조항(mandates) 자연적 환경(natural environments) 실시는 각 주와 지방의 Part C 시스템에 기회인 동시에 도전이기도 하다. 주 전체적으로 자연적 환경 실행계획을 잘 설계하기 위해서는 주의 주관 기관(state lead agency)이 다음과 같은 쟁점 사항들을 해결해야 한다. 즉, 자연적 환경을 어떻게 정의할 것인가, 어떤 환경이 적절한가, 이러한 결정을 내리는 데 부모의 역할은 무엇인가, 그리고 전이는 어떻게 할 것인가 등이다. 이 논문의 목적은 두 가지로서, 연방정부에서 요구하는 법적 필수조항을 설명하는 것과 연방정부와 주정부에서 자연적 환경 조항에 대해 어떠한 지침을 제공하고 있는지에 대한 예시를 제시하는 것이다. 주정부 차원에서 어떻게 실행하고 있는가에 대한 정보는 본 저자들이 입수할 수 있었던 몇몇 주정부의 Part C 문서를 검토한 것이다.

「장애인교육법」, Part C의 자연적 환경 요구조항(requirements)

은 우리가 일반적으로 받아들이는 유아기 교육의 원리와 일맥상통한다. 조기중재 서비스가 반드시 자연적 환경에서 이루어져야 한다는 것은 오래전부터 인식되어 왔다(Erwin, 1996; Noonan & McCormick, 1993). 여기서 자연적 환경이란 가족의 일상적인 상호작용이 일어나는 곳을 의미하는데, 그 이유는 가족이 아동의 초기 삶에서 제일 중요한 지원체가 되기 때문이다(Erwin & Schreiber, 1999). Thurman (1997)은 조기중재를 "가족과의 협력을 통해 제공되는 다양한 서비스" (p. 3)라고 정의하였다. 이러한 서비스는 가족구조 내에서 아동 발달을 촉진하는 것과 가족이 아동의 발달을 적극적으로 지원하는 데 필요한 정보와 기술을 갖는 것을 포함한다. Bronfenbrenner(1979)는 아동의 사회적 · 인지적 발달과 아동이 시간을 보내는 환경 간에 직접적인 연관성이 있음을 주장하였다. 그러므로 발달 과정은 아동과 아동이 생활하는 소구조(microsystem) 간의 복잡한 상호작용을 반드시 고려하여야 하며, 여기서 소구조란 아동에게 가장 직접적인 환경, 즉 가정, 보육 프로그램(child care programs), 지역사회 센터 (community center) 등을 의미한다.

특수아동협회 유아교육분과(DEC)와 유아교육학회(National Association for the Education of Young Children: NAEYC)에서는 발달에 적합한 실제(developmentally appropriate practices)의 일부로서 자연적 환경을 지지하는 입장을 밝혔다(Bredekamp & Copple, 1997; DEC, 1994). IDEA 영아조정자연합회(IDEA Infant & Toddler Coordinators Association: IDEA/ITCA)는 각 주의 Part C 시스템을 대표하는 집단인데, 이 연합회에서 2000년 4월 발표한 성명서 (position paper)에는 "우리 연합회는 「장애인교육법」 Part C 내의

자연적 환경 요구조항을 따르기 위하여 조기중재 서비스가 가족의 활동 및 일과 내에서 제공되도록 최대한 지원한다."(p. 2)라고 되어 있다. 더 나아가 "자연적 환경에서 서비스를 제공하는 것은 단순히 법 조항을 이행하는 것 이상의 의미를 지니며, 조기중재의 핵심 임무다. 즉, 연합회는 일상생활 속에 일어나는 활동, 일과, 사건 속에서 가족이 아동에게 학습기회를 제공할 수 있도록 지원한다."(p. 1)라고 밝혔다.

영아에게 자연적 환경에서 서비스를 제공하는 것이 중요함을 실제 현장에서 이해함에 따라, 비장애아동이 참여하는 환경에서 최대한 적절한 범위 내 각 아동에게 조기중재가 반드시 이루어지도록 하는 내용이 1989년부터 Part C 규정에 포함되었다. 1997년 개정된 「장애인교육법」에서는 종전의 규정을 강화하여 아동에게 최대한 적절한 범위에서 장애를 지닌 0~3세 아동에게 자연적 환경에서 조기중재 서비스가 반드시 제공되도록 하였다.

「장애인교육법」 Part C 법령과 규정에서는 자연적 환경을 장애를 지니지 않은 같은 연령대의 또래에게 자연적인 또는 정상적인 환경으로 정의하였다. 이러한 환경은 아동의 가정, 보육시설 환경, 집 부근의 놀이 집단 등을 포함한다. 이러한 환경에서 제공되는 서비스의 한 가지 장점은 조기중재자가 부모나 보육 제공자에게 효과적인 기법을 모델링할 수 있다는 점이다. 따라서 아동이 생리적으로나 심리적으로 상호작용할 준비가 되었을 때 일과를 통해 언제든지 중재를 사용할 수 있다(Kleinhammer-Tramill & Rosenkoetter, 1994).

1997년 개정된 「장애인교육법」에 따르면, Part C에 참여하는 주에서는 조기중재 서비스를 받는 영아의 요구를 충족시킬 수 있는 주 전체적인 체계(statewide systems)를 반드시 개발하여야 한다. 지금까지 모든 주정부가 Part C에 참여하기로 결정하였으므로, 각 주는 다음과 같은 내용을 지키는 정책과 절차를 반드시 개발하고 이행하여야 한다. "최대한 적절한 범위에서 조기중재 서비스가 자연적 환경에서 제공되며, 영아를 위한 조기중재 서비스가 자연적 환경이 아닌 곳에서 제공될 때는 다음과 같은 경우에 한한다. 즉, 자연적 환경에서 조기중재가 만족스럽게 성취될 수 없는 경우는 예외로 한다." (34CFR Part 303.167(c)).

서비스가 어디에서 제공될 것인가는 개별화가족서비스계획(Individualized Family Service Plan: IFSP)팀에 의해 결정되는데, 팀에는 부모가 포함된다. 조기중재 서비스를 받는 영아와 가족을 위한 개별화가족서비스계획에는 조기중재 서비스가 제공될 자연적 환경에 관한 설명이 있어야 하며, 만약에 자연적 환경에서 서비스가 제공되지 않을 경우에는 정당한 사유가 제시되어야 한다.

조기중재 서비스를 자연적 환경에서 제공하는 것은 연방정부 차원의 법적 요구조항이며 효과적인 실제에 대한 원칙이 있음에도 불구하고, 여전히 자연적 환경의 실행에 대해서는 상당한 의견 불일치와 혼란이 존재한다. 게다가 다수의 부모와 서비스 제공자들이 실행에 대해 열렬히 지지함에도 성공적인 실행은 여전히 쉽지 않은 과제다. 주 전체 차원에서 자연적 환경 실행계획을 설계하는 데 있어서 주의 주관기관들(state lead agencies)이 당면하는 여러 가지 이슈와 문제들이 있는데, 그중 일부를 다음에서 논하고자 한다.

단지 장소만을 의미하는 것이 아니다

영아를 위한 자연적 환경이란 가족에게 자연적인 환경에서 아동과 가족의 요구가 충족된다는 전제하에 사용된다. 그러나 자연적 환경을 실행하는 것은 장소 이상의 의미를 지닌다. 아동과 가족의 장기 목표뿐 아니라 가족의 자원, 우선 관심사, 그리고 요구가 변함에 따라 서비스가 제공되는 환경 역시 변한다. 사실상, Part C 시스템에서 서비스가 제공되는 환경은 계속 변할 수 있다.

여러 주에서는 자연적 환경 의무조항 관련 장소 문제에 대한 지침을 만들었다. 예를 들어, 텍사스주 Part C 시스템은 자연적 환경 조항을 성공적으로 실행할 수 있는 방법에 관하여 초기 안내자료를 마련하였다. 이에 따르면, 초기 의뢰부터 시작하여 개별화가족서비스계획 전 과정에 걸쳐서 자연적 환경의 개념을 통합시켰다.

'유아기 연결(Early Childhood Connections)'이라 불리는 콜로라도주 Part C 시스템은 주정부의 신념과 정책을 '일과, 활동, 장소에서의 조기중재 지원 및 서비스에 관한 콜로라도 안내서'(1999년 12월)에서 다음과 같이 밝혔다. "지원과 서비스는 가족의 일상적인 일과, 활동, 장소에서 제공될 때 가장 효과적이다. 지원과 서비스가 '어디서' 그리고 '언제' 제공되는가는 질(quality)을 평가하는 핵심적 요소가 된다. 또한 어떤 서비스가 어떻게 제공되는지에 관한 요소 또한 마찬가지로 중요하다. 일상의 일과, 활동, 장소에서 제공되는 서비스는 반드시 발달에 적절하여야 하며 가족의 삶과 연관성이 있어야 한다."(p. i)

2000년 3월, 인디애나주 Part C 시스템, '첫 번째 단계(First Steps)'는 다음과 같은 지시를 내렸다.

> ……자연적 환경을 파악하는 과정은 가족과의 의사소통을 통하여 아동과 가족의 일상적인 일과 및 활동을 확인하는 것으로부터 시작된다. 이때 가족의 일과 계획, 다른 활동, 요구 등도 함께 파악한다. 가족과 대화를 하면서 아동과 가족에게 중요한 활동이면서 아동을 위해 향상될 필요가 있는 활동을 찾아내야 한다. 부모를 포함한 팀은 개별화가족서비스계획의 장기목표(outcomes)를 가장 적절하게 지원할 수 있는 활동을 논의하고 선정한다(p. 2).

어떤 환경이 자연적 환경인가

자연적 환경이 장소 이상의 의미를 지닌다면, 가족에게 자연적이라 여겨지는 환경들을 어떻게 정의할 것인가가 과제로 남는다. 자연적 환경 운동의 바탕에 깔린 전제는 「장애인교육법」 Part B의 최소제한적 환경(least restrictive environments)의 전제와 매우 유사하다. 즉, 아동의 요구에 적절한 범위 내에서 장애를 지닌 아동은 비장애 또래와 함께 교육받아야 한다. 이 유사성은 장애를 지닌 유아(preschoolers)에게 특히 그러하다. 미국 교육부 장관이 1999년 3월 12일 발표한 연방법규 Part B 규정 관련 간행물 '해설과 변경 분석(Analysis of Comments and Changes)'에는 "장애를 지닌 유아에게는 비장애 또래와 함께하는 지역사회 중심의 통합환경을 비롯한 다양한 배치환경이 반드시 제공되어야 한다."(p. 12639)라고 되어 있다.

그러나 Part C에서 자연적 환경은 가족이 지닌 요구와 우선 관심사 내에서 가족이 아동의 개별적 요구에 반응하는 능력을 향상시킬 필요성이 있음을 고려하여야 한다. IDEA 영아조정자연합회(2000)는 자연적 집단(natural groups)을 다음과 같이 정의하였다.

> ……장애아동이나 비장애아동이 항상 존재하는 집단이다. 자연적이지 않은 집단이란 장애아동만으로 형성된 집단이다. 그러나 가장 자연적 집단일지라도 그것이 특정 아동 가족의 일상이나 지역사회의 일부가 아닐 경우에는 자연적 환경이 아닐 수 있다(p. 2).

미주리 주 Part C 시스템 '첫 번째 단계(First Steps)'는 1999년 1월 「기술적 지원 회보(Technical Assistance Bulletin)」를 발표하면서, 모든 기관은 자연적 환경에서 서비스를 제공해야 함을 강조하였다. 그리고 자연적 환경은 "장애를 지니지 않은 아동이 참여하는 지역사회 환경을 의미한다."(p. 3)라고 언급하였다. 미주리 주 건강, 정신건강, 교육부(Department of Health, Mental Health, and Education)에서는 '첫 번째 단계'의 서비스를 받는 아동 대부분이 자연적인 환경, 즉 장애가 없는 아동이 다수인 환경에서 서비스를 받는 것을 2001년까지의 목표로 정하였다.

가장 쟁점이 되는 문제 중의 하나는 서비스가 클리닉이나 진료실 환경에서 제공되는 경우다. IDEA 영아조정자연합회(2000)에 따르면, "자연적 환경이 아닌 곳은 클리닉, 병원, 치료사 사무실, 재활센터, 고립된 집단환경 등을 포함한다. 그리고 이러한 환경은 장애 범

주에 따라 아동에게 서비스를 제공하거나 서비스 제공자의 편의에 따라 선정되는 환경이다."(p. 2) 그렇지만 이러한 환경이 때로는 아동의 상황(예: 아동이 치료를 위해 병원에 입원하는 경우)에 따라 적절할 수 있고 정당화될 수 있다.

정당성 설명

연방정부의 규정에서는 서비스가 자연적 환경에서 제공될 수 없을 경우 정당화될 수 있는 범위를 제공하도록 하고 있다. 많은 주에서는 자연적 환경이 아닌 곳에서 서비스가 제공되는 근거 설정을 위한 방침을 제공한다. 몇몇 주에서는 법적 요구조항에 위배되는 환경에서 서비스를 제공할 때 Part C 재원(funds)이나 주 재원이 사용되는 것을 금지하는 정보를 추가적으로 제공하고 있다.

미국 교육부 특수교육국(The Office of Special Education Programs)은 Part C 재원의 사용에 대해 다음과 같이 분명하게 밝혔다(M. Elder와의 개인적 교신, 1998. 7. 17.).

> ……개별화가족서비스계획(IFSP)에 명기된 특정 서비스 장소에 대해 부모가 동의하지 않을지라도, 주정부는 IFSP에 명시된 장소가 아닌 곳에서 제공되는 서비스에 대해 Part C 재원을 사용하지 못할 수

> 있습니다. 부모는 IFSP상의 서비스를 자유롭게 거부할 수 있습니다. 거부 의사는 서비스에 대해 서면 동의를 하지 않거나 처음에 동의하였다가 나중에 동의를 철회하는 방법으로 할 수 있습니다. 만약에 부모가 장소를 포함하여 특정 조기중재 서비스에 대해 동의를 하지 않는다면, 서비스는 제공되지 못할 수 있습니다. ……Part C의 조기중재 시스템 실행에 쓰이는 모든 재원은 Part C와 일관되게 사용되어야 합니다. 그러므로 주정부는 Part C의 조기중재 서비스 예산으로 책정된 주 재원을 사용할 때 조기중재 서비스가 반드시 자연적 환경에서 제공되어야 하는 요구조항을 회피할 수 없으며 대체할 수도 없습니다.

코네티컷 주의 0~3세 시스템(Birth to Three System, 1999)은 수년간 자연적 환경을 실시해 왔으며, 다른 주들이 참고할 수 있는 많은 지침들을 제공하고 있다. 코네티컷 주에서 1999년 4월 개정한 『서비스 지침 2 자연적 환경: 서비스 제공자와 가족을 위한 중재 안내(Service Guidelines 2 Natural Environments: Intervention Guidance for Service Providers and Families)』에 따르면, 개별화가족서비스계획의 정당성을 갖추기 위해 개별화가족서비스계획팀은 다음 사항을 반드시 수행하여야 한다.

1. 자연적 환경에서 0~3세 프로그램(Birth to Three Program)의 보충적인 지원 서비스가 제공됨에도 불구하고 아동의 장기 목표가 달성될 수 없었다면, 개별화가족서비스계획팀은 그 이유를 포함하여 어떻게 그러한 결정을 내리게 되었는지 등에 관해

반드시 설명해야 한다. 아동이 자연적 환경에서 만족스러운 진보를 보이지 않았다면, 왜 다른 대안적 자연적 환경을 선택하지 않았는지 또는 장기 목표를 수정하는 것이 왜 부적절한지 등이 설명되어야 한다.

2. 이 장소에서 제공되는 서비스가 아동의 자연적 환경 적응능력을 지원하기 위해 어떤 방법으로 일반화될 것인지 설명하여야 한다.
3. 아동의 장기 목표가 자연적 환경에서 성공적으로 성취될 수 있는 계획을 세워야 하며, 계획에는 일정표와 필요한 지원을 포함시킨다(p. 11).

부모의 선택

가족 참여(family involvement)는 Part C 프로그램 설계의 기초가 된다. DEC(1993)는 가족 참여를 "가족이 동등한 구성원으로서 스태프와 함께 참여하고, 양육과 의사결정을 포함하여, 조기중재 시스템의 모든 과정에 참여하는 것" (p. 19)으로 정의한다. 서비스가 어디에서 제공될 것인지의 결정과 관련한 부모의 선택은 주요한 이슈가 된다. 개별화교육프로그램(IEP)팀과 마찬가지로 개별화가족서비스계획(IFSP)팀은 서비스가 제공되는 적절한 장소를 결정하는 책임을 맡는다. 그런데 서비스와 배치를 결정하는 데 부모의 목소리가 어느 정도로 영향력을 갖는가에 대한 약간의 논쟁이 있다. 특수교육국에 따르면(J. Heskett과의 개인적 교신, 1999. 5. 26.), Part C를 통하여 제공되는 서비스나 서비스 장소를 가족이 일방적으로 결정할 수는 없다.

Part C에서 개별화가족서비스계획 전체 과정에 부모참여의 중요성을 인식하고 부모참여를 요구한다고 하여, Part C가 자연적 환경 조항과 같은 다른 법률이나 규정에 대한 주 주관기관의 준수의무를 경감하는 것은 아닙니다. 적절한 조기중재 서비스 제공과 관련하여 가족의 의견이 중요할지라도, 특정 영아에게 적절한 서비스(서비스 제공 장소를 포함하여)의 결정에 대한 최종적인 책임은 개별화가족서비스계획팀 전체에게 있습니다. 따라서 개별화가족서비스계획팀의 결정이 가족의 선호에 맞추어 일방적으로 이루어지는 것은 Part C와 일치하지 않는 것입니다. 그러므로 부모 단독 결정에 따라 선택된 Part C 서비스에 대해서는 주가 책임을 지지 않습니다. 그러나 부모가 동의한 다른 모든 개별화가족서비스계획의 서비스는 주에서 제공해야 할 의무를 지닙니다.

더 이상 센터에서 서비스를 받지 않을 때, 가족지원 서비스와 부모간 연결 서비스(parent to parent service) 또한 더 이상 제공되지 않을까 우려하는 목소리가 있다. 그러나 중요한 가족 서비스는 특정 가족이 필요로 하는 한 반드시 개별화가족서비스계획에 포함되어야 한다. 서비스가 어디에서 제공되는지의 여부에 따라 필요한 가족지원 유무가 결정되어서는 결코 안 된다. 이와 같은 내용은 특수교육국으로부터의 서신(E. Yarnell과의 개인적 교신, 1999. 10. 19.)에도 명시되어 있다.

부모들의 고립에 대한 우려에 우리도 공감하고 있으며, 부모 협력망의 필요성 및 훈련 요구에 대해 우리도 잘 알고 있습니다. 이러한 요구는 특히 중요한 가족 요구이므로 개별화가족서비스계획의 일부로서 반드시 다루어져야 합니다…….

……아동 서비스가 자연적 환경이 아닌 곳에서 제공될 때는 그 정당성이 아동의 개별적 요구와 반드시 관련 있어야 합니다. Part C의 요구 조항이 이행되는 한, 가족 서비스는 어떠한 환경에서도 제공되므로 장애아동의 부모가 다른 부모들과 상호작용할 수 있는 기회는 얼마든지 있습니다. 아동이 서비스를 받는 자연적 환경에서 또는 별도의 모임을 통하여 다른 장애아동 부모와의 시간을 가질 수 있으므로, 이러한 부모의 요구가 아동이 자연적 환경에서 적절한 서비스를 받는 것을 거부하는 정당화의 수단이 될 수는 없습니다. ……

……부모지원과 같이 부모만을 위한 서비스는 자연적 환경에서 반드시 제공되어야 할 필요는 없습니다. 따라서 부모지원이 자연적 환경에서 제공되지 않는다 하여 개별화가족서비스계획에 따로 정당화 사유를 기록할 필요는 없습니다. 그러나 부모만을 위한 서비스가 아동이 자연적 환경이 아닌 곳에서 서비스를 받는 것의 정당화 사유로 사용되어서는 안 됩니다.

전 이

조기중재(early intervention) 프로그램에서 유치원(preschool)으

로의 전이는 문헌들에 잘 정의되어 있으며, 1997년 개정된 「장애인교육법」에도 정의되어 있다. 이 법에서는, 아동이 3세가 되기 6개월 전부터 최소한 90일 전에 전이모임과 전이계획이 반드시 만들어져야 함을 요구하고 있으며, 아동이 유치원 특수교육 서비스를 받지 않을 예정이라도 전이 관련 모임과 계획은 필수적이다. 가족이 전이계획을 준비하고 개발할 충분한 시간을 가지고 미래의 서비스에 관한 정보를 수집하고 그에 따라 의사결정을 내릴 수 있도록 법으로 규정하고 있다.

생태학적 관점에서 보면, 전이란 개인의 역할 변화, 개인의 환경 변화, 또는 역할 및 환경의 변화이며 아동, 가족, 환경 간의 '상호적 적응 과정(process of mutual accommodation)'이다(Bronfenbrenner, 1979, p. 27). 자연적 환경에서 서비스를 제공한다는 것은 가족을 아동의 신체적, 경제적, 심리사회적 기능의 양육자로서 인식함을 의미한다. Klein과 White(1996)는 "아동이 발달하면서 가족 내 아동의 기능은 처음에는 주로 지원을 받는 쪽에서 점차적으로 공생하는 쪽으로 변화된다."(p. 224)라고 제안하였다. 따라서 아동이 성장하고 성숙해짐에 따라 아동은 양육을 위한 가족 생태계(family ecosystem)로부터 점점 독립적으로 되어 간다. 아동이 조기중재 환경에서 유치원 환경으로 옮겨 가면서 가정 밖(예: 가정을 벗어나 프로그램이나 학교에 가는 것)에서 보내는 시간을 점점 늘려가므로 직접적인 서비스 제공자 그리고/또는 서비스 지원자로서의 가족역할, 즉 가족의 직접 참여 수준도 영향을 받는다.

조기중재에서의 자연적 환경이 유치원 서비스의 최소 제한적 환경 또는 통합환경과 유사하지만, 조기중재 프로그램의 요소와 유치원 프로그램의 요소 간 차이점에 대해 가족은 충분히 이해하고 그에 따라 계획을 세워야 한다. 차이점이란 배경, 서비스, 과정에서의 변화를 포함한다. 배경(context)이란 서비스가 계획되는 방식을 의미한다. 조기중재 서비스는 아동의 지속적인 발달을 촉진하기 위해 아동과 가족의 요구를 지원하는 방식으로 계획된다. 유치원 서비스는 교육적 연관성에 근거하여 제공되며, 장애가 학습에 불리한 영향을 미치게 되는 경우에 제공된다. 이러한 배경적 차이 때문에 아동이 유치원 환경으로 옮겨 가면 조기중재 환경에 비해 서비스를 더 많이 또는 더 적게 받을 수 있다. 많은 유치원 프로그램에서 가족요소를 포함하고 있지만, 서비스의 주된 초점은 아동이다. 마지막으로 서비스를 결정하고 제공하는 과정(예: 평가(evaluation), 자격(eligibility), 절차상의 보호수단(procedural safeguards)에 차이가 있을 수 있다.

몇몇 주정부에서는 자연적 환경을 실행하는 데 있어서 조기중재 서비스와 공립학교, 헤드 스타트, 혹은 보육시설 등에서 제공하는 3~5세 서비스 간에 존재하는 초점의 차이, 용어의 차이 등을 가족이 잘 이해할 수 있도록 도움을 제공하고 있다. 예를 들면, 켄터키주에서는 가족이 자연적 환경에서의 조기중재 서비스와 통합 유치원 서비스 간의 차이를 이해할 수 있도록 여러 차례 훈련을 실시하고 있다. 그러나 아동과 가족을 위한 전이목표를 서비스 제공자들이 개발할 수 있도록 모든 주정부는 반드시 추가적인 지원을 하여야 한다. 전이목표는 전이 과정과 전이 종료 후에도 이용될 수 있는 지역사회 지원을 찾는 것이 포함되며, 가족이 가정환경과 지역사회 환경 내에서 아동의 요구를 다룰 수 있도록 돕는 것들이어야 한다.

자연적 환경 의무조항을 따르기

오랜 기간 조기중재 서비스를 성공적으로 제공해 온 주들이 많다. 그런데 자연적 환경 의무조항(mandate)에 따른 필수적인 변화로서, 어떤 주에서는 반드시 가족의 일과와 일정에 맞춘 환경에서 서비스가 제공되게 바뀌어야 하며, 장애아동만을 대상으로 서비스를 제공하는 기관이나 클리닉과 같은 특정 장소를 가족이 찾아 가서 서비스를 이용하는 일이 발생하지 않도록 바뀌어야 한다. 다른 주의 경우는, 자연적 환경 의무조항을 지키는 것이 단지 환경의 문제만이 아니란 점을 인식해야만 한다. 즉, 서비스가 제공되는 배경(context)을 반드시 바꾸어야 한다. 예를 들면, 서비스 제공자가 장난감을 가득 준비한 채 가정방문을 하고 가족구성원은 방에서 나가게 한 뒤 아동에게 서비스를 제공하는 것은 자연적 환경에서의 조기중재 서비스 의도와는 전혀 다른 것이다.

현재의 서비스 전달체계로부터 자연적 환경 서비스 제공으로의 변화를 촉진하기 위해 주정부와 지역사회는 자연적 환경에서의 조기중재 서비스 제공을 지원하는 정책과 실제(policies and practices)를 개발하고 이행하는 중이다. 이러한 정책과 실제가 성공적으로 실행되도록 주정부의 Part C 시스템에서는 다양한 전략을 이용하여 관련 이슈 및 과제들을 다루고 있다. 몇 가지 예를 들면 다음과 같다.

주 차원의 계획(Statewide Planning)

여러 주(예: 워싱턴, 조지아, 네브래스카, 켄터키)에서는 주 차원의 특별전문위원회(statewide task forces)나 계획집단(planning groups)을 조성하여 자연적 환경 요구조항을 성공적으로 실시하는 방법을 모색하고 있다. 콜로라도 주는 아기의 조기학습 기회 양육성장(Babies' Early Learning Opportunities Nurture Growth: BELONG) 계획안을 만들었다. 이 계획안의 목적은 서비스가 일상의 일과, 활동, 장소에서 제공되고, 발달적으로 적절하며, 가족의 삶과 연관 있도록 지원하는 것이다. 이 계획안의 활동으로서는 주정부 차원에서의 협력, 대중 인식(public awareness), 교육 및 훈련, 지역사회 능력 배양 등이 있다.

훈련 및 기술적 지원(Training and Technical Assistance)

많은 주에서는 주 차원의 훈련과 기술적 지원을 지속적으로 제공하여 모든 공동체가 법령의 요구조항을 실행하도록 지원하고 있다. 예를 들어, 네브래스카 주는 주 전역에 걸쳐 지역 포럼(regional forum)을 개최하고 있으며, 버지니아 주는 서비스 제공자와 부모를 대상으로 지역별 훈련을 실시하고, 미주리 주는 멘토링 파트너십을 후원한다.

서면 지침(Written Guidelines)

이 논문에 언급된 주들 외에도 많은 주의 주관기관(state lead agency)과 특히 기관 간 조정위원회(Interagency Coordinating Councils)는 간단한 보고서(fact sheets), 지침(guidelines), 소책자(manual), 회람(memoranda) 등을 만들어 배포하고 있다. 이 자료들은 연방정부의 요구조항을 자세하게 설명하고 있으며, 주정부의 지침을 제공하고, 성공적인 실행 전략들을 제시하고 있다. 예를 들어, 조지아 주 기관 간 조정위원회(1999)는 자연적 환경에 관한 간단한 보고서를 두 차례 발행하였다. 버지니아 주 Part C 시스템(1999)은 조기중재에 관한 문서를 만들었는데, 그 내용 중에는 현재 버지니아 주에서 추천되는 서비스 전달체계와 전통적인 기관중심의 분리된 전달체계를 비교한 것도 있다. 뉴저지 주 조기중재 시스템(1998)은 기술적인 지원에 관한 문서를 여러 편 발간하였는데, 이 중에는 전통적인 신념과 자연적 환경에 대한 기대 및 각각에 대응하는 사실들을 비교 관점에서 설명한 내용이 포함되어 있다. 네브래스카 주 교육보건복지사업부(2000)는 자연적 환경에서의 서비스에 관한 추천 실제(recommended practices)의 원리 개요를 간단한 보고서 형식으로 여러 차례 발행하였다. 켄터키 주는 현재 주정부 정책을 바탕으로 장기적인 자기평가 절차 및 안내 원리를 개발 중이며, 이는 주정부 차원의 점검체계의 일부로서 사용될 예정이다.

그 밖에 많은 주들이 자주 묻는 질문들을 포함한 질의-응답형식의 문서를 개발하여 사용하고 있다.

지역 차원의 계획(Reqional and Local Planning)

뉴저지 주, 버지니아 주, 사우스 다코타 주, 콜로라도 주는 법적 요구조항 실행을 위해 지역의 조기중재 시스템이 기관 간 계획(interagency plans)을 개발하고 이행할 것을 요구하였다. 캔사스 주 Part C 시스템은 기술적 지원 회보(Technical Assistance Bulletin, 2000)를 발행하였는데, 여기에는 법적으로 요구되는 자연적 환경 설명과 추천 내용이 있다. 특히 지역의 기관 간 조정위원회가 지역사회 내에서 문제처리 전략을 개발하고 실천에 옮기는 내용이 포함되어 있다. 주 주관기관이 전하는 바에 따르면, 이 내용들에 포함되는 것은 지역사회 교육 및 훈련, 유아 관련 공동체와의 폭넓은 협력, 그리고 자연적 환경에서 성공을 거둔 가족이 자신들의 경험을 시스템에 새로 들어오는 가족과 공유하는 내용들이다.

장려금(Funding Incentives)

미주리 주 Part C 시스템 '첫 번재 단계(First Steps)' 는 지역사회 내에서 순회하며 조기중재 서비스를 제공하는 이들에게 자연적 환경 장려금을 추가적으로 제공하고 있다. 아울러, 미주리 주 보조의료 프로그램(Medicaid program)은 지역사회 환경을 순회하는 서비스 제공자들에게 더 높은 급여를 지불하고 있다. 보조의료 프로그램의 추가적인 재정 지원과 'First Steps'의 장려금을 합하여 15분 서비스에 2.50달러가 추가로 지급된다.

앞의 설명은 모든 것을 망라한 것이 아니라, 몇 가지 예를 제시한 것뿐이다. 주정부 차원에서 자연적 환경 요구조항을 어떻게 다루고 있는지에 대하여 좀 더 알고자 한다면, 미국 유아기 기술지원 시스템 웹사이트(www.nectas.unc.edu)로 들어가서 '통합의 비결(Keys to Inclusion)'을 클릭하면 된다. 이 사이트는 여러 주정부에서 자연적 환경을 성공적으로 실행하기 위해 사용하는 전략 등의 정보를 담고 있다.

미국 전역에 걸쳐서, 주정부와 지역사회 정책입안자, 가족, 서비스 제공자, 이 모든 주체들이 함께 협력하여 「장애인교육법」 Part C의 자연적 환경 요구조항을 실행하고 있다. 물론 어려움과 문제들이 있는 것은 사실이지만, 날마다 고무적인 예가 나타나고 있다. 조기중재 서비스를 제공하는 배경과 장소를 바꾸는 것이 쉬운 일은 아니지만 그 결과가 장애를 지닌 아동과 가족에게 긍정적인 것만은 분명하다.

주

교신저자 Beth Rous: brous@ihdi.uky.edu

참고문헌

Assistance to states for the education of children with disabilities, 64 Fed. Reg. 12639 (1999).

Bredekamp, S., & Copple, C. (Eds.) (1997). *Developmentally appropriate practice in early childhood programs* (Rev ed.). Washington, DC: National Association for the Education of Young Children.

Bronfenbrenner, U. (1979). *The ecology of human development: Experiments by nature and design*. Cambridge, MA: Harvard College Press.

Connecticut Birth to Three System (1999). *Service guidelines 2 natural environments: Intervention guidance for service providers and families*. Hartford, CT: Connecticut Department of Mental Retardation.

Division for Early Childhood (1993). *DEC recommended practices: Indicators for quality in programs for infants and young children with special needs and their families*. Reston, VA: Division for Early Childhood, Council for Exceptional Children.

Division for Early Childhood (1994). *Personnel standards for early education and early intervention: Guidelines for licensure in early childhood special education*. Washington, DC.

Early Childhood Connections (1999). *A guidebook: Early intervention supports and services in everyday routines, activities, and places in Colorado*. Denver, CO: Early Childhood Connections, Colorado Department of Education and University of Colorado JFK Partners.

Early intervention program for infants and toddlers with disabilities, 34 C.F.R. 303 (1999).

Erwin, E. J. (1996). The promise and challenge of supporting all children in natural environments. In E. J. Erwin (Ed.), *Putting children first: Visions for a brighter future for young children and their families* (pp. 199-224). Baltimore: Paul H. Brookes.

Erwin, E. J., & Schreiber, R. (1999). Creating supports for young children with disabilities in natural environments. *Early Childhood Education Journal, 26*, 167-171.

Georgia State Interagency Coordinating Council (1999). *Frequently asked questions: Natural environments*. Atlanta, GA: Author.

IDEA Infant and Toddler Coordinators Association (2000). *Position paper on the provision of early intervention services in accordance with federal requirements on natural environments.*

Kansas Infant-Toddler Services (2000). *Technical assistance bulletin, tab #6*. Topeka, KS: Kansas Department of Health and Environment.

Klein, D. M., & White, J. M. (1996). *Family theories: An introduction.* Thousand Oaks, CA: Sage.

Kleinhammer-Tramill, P. J. & Rosenkoetter, S. E. (1994). Early intervention and secondary/transition services: Harbingers of change in education. *Focus on Exceptional Children, 27*, 1-14.

Missouri Dept. of Elementary and Secondary Education (1999). *First steps technical assistance bulletin-natural environments: Putting principles into practice* [On-line] Available: www.coe.missouri.edu/~mocise/pubs/fsta/2.htm

Nebraska Departments of Education and Health and Human Services (2000). *System of early intervention: Natural environments... where children spend their time* Vol. 1. Lincoln, NE: Author.

New Jersey Early Intervention System (1998). *Beliefs and expectations: Consider this*. Trenton, NJ: New Jersey Department of Health and Senior Services.

Noonan, M. J., & McCormick, L. (1993). *Early intervention in natural environments: Methods and procedures*. Florence, KY: Wadsworth.

Thurman, S. K. (1997). Systems, ecologies, and the context of early intervention. In S. K. Thurman, J. R. Cornwell, & S. R. Gottwald (Eds.), *Contexts of early intervention systems and settings* (pp. 3-18). Baltimore: Paul H. Brookes.

Virginia Babies Can't Wait! (1999). *Virginia's family-centered early intervention approach: An overview*. Richmond, VA: Virginia Department of Mental Health, Mental Retardation and Substance Abuse Services.

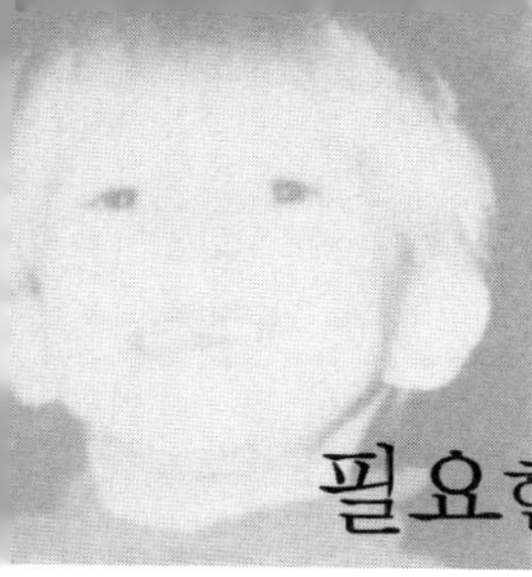

필요한 환경에서 조기중재를 실시하는 것이 가장 자연스럽다

R.A. McWilliam, Ph.D., University of North Carolina at Chapel Hill

자연적 환경이란 무엇인가

미국 의회는 1997년에 조기중재 서비스 관련 연방법을 획기적으로 개정하였다. 이 법에 따라, 만약 아동이 조기중재가 필요하지 않았다면 속하였을 환경에서 조기중재 서비스가 이제 제공된다(IDEA, 1997). 간단하게 말하면, 서비스가 가정과 보육시설을 포함한 지역사회 환경에서 제공되어야 함을 의미한다. 이 법률의 목적은 만약에 아동이 장애가 없었다면 아동과 가족이 이용하였을 장소나 활동으로부터 이들을 분리하는 환경을 만들지 않는 데 있다.

왜 조기중재 프로그램이 자연적 환경에 관심을 갖는가

조기중재 프로그램이 자연적 환경에 주의를 기울이는 이유는 법에 명시되어 있기 때문이기도 하지만, 또한 많은 연구가 자연적인 것이 유익하다는 사실을 지적하기 때문이다(Hart, 1985; Hepting & Goldstein 1995; Santos & Lugnugaris-Kraft, 1997; Weisner, Bausano, & Kornfein, 1983). 예를 들면, 형식적인 부모훈련보다는 비형식적인 지원이 아동과 가족에게 훨씬 더 성공적인 결과를 가져온다는 많은 연구들(Allen & Petr, 1996; Cohen & Wills, 1985; Powell, 1987)이 보고되었으며, 아동이 현재 소속된 교실환경에서 아동을 지도하는 것이 치료실이나 다른 방으로 데리고 나와 지도하는 것보다 훨씬 나은 결과를 보인다는 사실이 증명되었다(McWilliam, 1996). 교사중심의 구조화된 반복 연습보다는 아동이 보이는 단서를 따르는 아동중심의 학습이 훨씬 효과적이라는 것이 여러 연구(Hemmeter & Kaiser, 1994; Kaiser, Hendrickson, & Alpert, 1991; Warren, 1991)에서 밝혀졌다. 자연주의적인 중재를 지지하는 연구가 항상 자연적인(natural) 환경 대 인위적인(unnatural) 환경을 비교하여 연구된 것은 아니지만, 자연적인 중재가 효과가 있음은 분명히 증명되었다. 게다가 직접 교수의 효과가 여러 연구에서 증명되었으나, 이러한 연구는 교사가 학급에서 아동을 직접 가르치는 시간들을 포함하고 있다. 본 논문은 교사나 치료사가 한 아동과 1주일에 약 1시간씩 가정이나 지역사회에서 만나는 가정방문과 지역사회 중심

중재에 초점을 두고 있다.

조기중재 현장이 자연적 환경 쪽으로 빠르게 변화되고 있음에도 불구하고, 아직도 많은 전문가들이 이러한 변화에 쉽게 적응하지 못하고 있다. 이들은 지금까지 분리된 환경에서 아동을 가르쳐 왔거나, 치료시간 또는 수업시간에 가족이 자신에게 찾아오는 것에 익숙해져 있거나, 또는 아동에게 실제로 직접 무엇인가를 지도해야만 아동이 나아진다고 믿어 왔기 때문이다. 다행스러운 사실은 많은 주에서 이미 오래전부터 자연적 환경을 이용해 왔으며, 워싱턴의 정책입안자들이 어느 날 갑자기 혁신적인 새 아이디어를 우리에게 강요하는 것은 아니라는 점이다. 사실상 현장에서 이러한 방향으로 가는 것이 옳다고 주장하였기 때문에 그들이 현장의 소리를 받아들이고 이러한 정책을 채택한 것이다.

서비스가 어떻게 바뀔 것인가

서비스에 어떤 변화가 올 것인지에 대해 많은 가족들은 궁금해 할 것이다. 주정부마다 연방법을 해석하는 방법에 따라 자체적인 결정을 내리겠지만, 자연적 환경을 이용함으로써 미국 전역에서 일정한 변화가 이루어질 것으로 예상된다. 만약에 프로그램이 연방법의 의도를 잘 따른다면, 다음과 같은 열 가지 변화가 반드시 따를 것이다.

새로운 서비스 제공 방법들

1. 초기상담(intake) 시, 의학적 정보를 수집하고 프로그램에 관한 정보를 제공하는 접근에서 더 나아가 전문가는 가족의 생태 환경(ecology)(누가 포함되어 있고 그 관계는 어떠한가)(Bronfenbrenner, 1986)을 이해하기 위해 노력할 것이다.
2. 개별화가족서비스계획 회의에서는 검사결과에 치중하기보다 가족의 일과(routines) 파악에 더 많은 초점을 맞출 것이다(McWilliam, 1992).
3. 개별화가족서비스계획 장기목표(outcomes)는 아동의 현재 기능 수준을 평가한 검사결과보다는 가족의 일과에서 일어나는 요구를 중심으로 개발될 것이다(McWilliam, Ferguson, et al., 1998).
4. 제공될 서비스는 장기목표가 결정되기 이전이 아니라 결정된 이후에 정해질 것이다.
5. 어떤 서비스를 제공할지, 그리고 어느 정도의 강도로 서비스를 제공할지를 결정하는 것은 평가자나 의뢰자가 아니라 개별화가족서비스계획 팀이 할 것이다.
6. 조기중재 전문가는 아동보다는 정규적인 양육자(부모 및 보육 담당교사)와 우선적으로 일할 것이다.
7. 서로 다른 전문가가 가정방문을 하기보다 주 서비스 제공자(primary service provider)가 일주일에 적어도 한 번 가정방문(Kochanek & Buka, 1998)을 하게 될 것이다.
8. 전문가가 아동을 개별적으로 지도하는 것보다 일상적인 일과 속에서 아동과 매일 상호작용하는 것이 아동 진보에 더 중요하다(Gallimore, Weisner, Bernheimer, Guthrie, & Nihira, 1992)는 사실을 전문가는 이해할 것이다.
9. 전문가들은 각자 자신의 서비스를 제공하며 서로 간에 의사소통을 전혀 안 하는 것이 아니라, 서로에게 자문을 구하고 함께 방문(Mccormick, Goldman, 1979; Raver, 1991)하면서 자신들이 제공하는 서비스를 조정할 것이다.
10. 전문가들은 아동에게 단지 교수적 지원만을 하는 것이 아니라 정서적 지원, 정보, 물질적인 지원까지 제공할 것이다(Davis & Rushton, 1991; Dunst, 1990; Dunst, Trivette, & Hamby, 1996).

가족은 무엇을 할 수 있을까

조기중재가 자연적 환경에서 일어나도록 하는 책임은 전문가에게 있으나 효과적인 조기중재 경험이 될 수 있도록 가족이 할 수 있는 것으로 다음과 같은 여섯 가지가 있다.

1. 가족의 일과를 검토한다

기능적인 중재 및 그에 앞선 계획 모두는 가족의 일상적인 활동에 바탕을 둔다(McWilliam, 1992). 또한 매일 일어나는 것은 아니지만, 종교활동 참여, 조부모 방문, 장보기처럼 가족에게 중요한 일과 활동도 포함한다. 가족은 이러한 각 일과가 만족스럽게 진행되고 있는지 검토한다. 만약 만족스럽지 않다고 판단되는 일과가 있다면, 현재 가족이 그 일과를 어떻게 하고 있는지를 점검하고 나서 장애를 지닌 아동은 구체적으로 어떻게 하는지를 검토한다. 아동과 관련하여, 가족은 다음과 같은 질문을 스스로에게 던질 수 있다. "아이가 이 일과에 얼마나 참여하는가?" "아이가 얼마나 독립적인가?" "이 시간대에 아이가 다른 사람과 어떻게 지내는가?" 궁극적인 질문은 "이 일과가 우리 가족에게 아무 문제가 없는가(Bernheimer & Keogh, 1995)? 만약 문제가 있다면, 어떻게 하면 좀 더 쉽고, 스트레스가 적은 일과로 만들 수 있을까?"라고 할 수 있다.

2. 계산을 해 본다

아동의 가족은 이용 가능한 서비스를 모두 받고 싶고, 되도록 많은 서비스를 요구하고 싶어 한다(McWilliam, Young, & Harville, 1996). 그런데 분명히 기억해야 할 것은 서비스의 양이 중요한 것이 아니라는 점이다. 왜냐하면 실제로 학습은 형식적으로 전문가의 서비스를 받는 시간보다는 그 외의 시간에 더 많이 일어나기 때문이다(McWilliam, 1996). 서비스 시간 자체는 정규적인 육아 담당자, 즉 가족구성원이나 보육제공자가 정보를 얻기에 유용할 뿐이다. 36개월 이상의 아동에게 직접 교수(direct instruction)를 하여 학습효과를 어느 정도 얻는 특수교육적 접근과는 달리, 36개월 미만의 아동은 배운 것을 학습시간 외의 시간에 일반화하지는 않는다. 영아에게 직접 교수를 한 효과는 명백하게 나타나지는 않는다. 설사 효과가 있더라도, 이는 가르치는 사람이 양육자일 경우에 나타나며, 순회 전문가(itinerant professionals)는 그렇지 않다. 그러므로 가정방문의 목적은 아동을 직접 가르치는 것이 아니라 부모에게 상담을 해 주는 것이다. Nick Hobbs(Hobbs et al., 1984)는 이를 오래전에 깨닫고서 특수교사에게 가족의 상담자가 될 것을 권고하였다.

먹는 것, 입는 것, 장난감을 갖고 노는 것, 혼자 앉는 것, 그 무엇이든 아동의 장기 목표가 되는 것에 대해 양육자에게 제안을 하려면 과연 한 주일에 몇 시간이나 필요할까? 안타깝게도 어떤 가족은 전문가(치료사 혹은 교사)가 아동과 직접적으로 얼굴을 맞대고 활동을 하여야 아동이 향상된다고 믿고 있다. 이는 사실이 아니다. 오히려 가족 혹은 아동과 많은 시간을 보내는 사람이 아동을 위해 노력한 결과로 아동이 향상되는 것이다. 그러나 전문가가 직접 지도하는 것이 효과적이라고 부모가 믿는다면, 당연히 가능한 한 많은 서비스 시간을 원할 것이다. 그래서 치료를 1주일에 30분 받기보다는 60분 받기를 원할 것이다.

하지만, 생각해 보자. 학습은 전문가의 방문 이외의 시간에 일어남을 반드시 기억해야 한다. 아동이 독립적으로 앉기, 양손에 장난감을 쥐기, 부모와 눈을 맞추기(자녀가 부모와 놀이를 할 수 있기를 부모가 원할 것으로 보고)를 목표로 치료사가 치료한다고 하자. 치료사가 2회 치료시간을 갖는 것은 1주일에 60분 정도다. 하루 일과 중 아동이 앉고, 장난감 쥐고, 눈맞춤을 하도록 양육자가 옆에서 도울 수 있다고 가정하자. 실제로 양육자는 1시간에 10분 정도 이 세 가지 기술 지도에 시간을 보낼 수 있을 것이다—물론 어떤 때는 이보다 짧거나 길 수 있다. 아동이 아침 8시부터 11시까지(3시간), 오후 1시부터 4시까지(3시간), 저녁 6시부터 10시까지(4시간) 깨어 있다고 하자. 한 시간당 중재 시간이 10분이라면 아동은 하루에 총 100분의 중재 시간을 갖게 된다. 이를 1주일에 60분의 치료와 비교해 보라. 다시 말하지만, 일과 속에서 중재를 실시하기 위해 양육자가 전문가로부터 얼마나 자주 도움을 필요로 하는지 고려해 보라. 가족이 기억해야 할 중요한 사실은 전문가의 지도를 받는 시간 외의 시간에 학습이 더 많이 일어난다는 점이다.

3. 정서적 지원을 반드시 받는다

부모의 역할은 쉽지 않다. 특히 조기중재를 받는 아동의 부모는 더욱 그러하다. 부모는 주로 가족구성원으로부터 정서적인 지원을 받는다. 그러나 전문가들, 즉 아동 발달이나 장애, 서비스 등과 관련하여 많은 지식을 가진 사람들로부터 지원받기를 또한 원한다(Tocci, McWilliam, & Harbin, 1998; National Association of State Boards of Education, 1991). 가족에게 용기와 자신감을 주고 편안한 안정감을 주는 가족구성원이나 친구 또는 전문가가 주위에 있다면, 이들과의 관계를 소중히 여겨야 한다(Crnic, Greenberg, & Slough, 1986).

4. 필요한 정보를 반드시 얻는다

대부분의 가족은 자녀의 장애, 서비스, 그리고 자녀를 도울 수 있는 방법에 대한 정보를 가능한 많이 얻고자 한다(Gowen, Christy, & Sparling, 1993). 그런데 기억해야 할 것은 모든 요구가 서비스를 필요로 하지는 않는다는 점이다(P. J. McWilliam의 개인적 전언; 시기 불명). 예를 들면, 아동이 다른 발달은 문제가 없는데 단지 말이 조금 늦다고 해서 반드시 언어치료를 필요로 하는 것은 아니라는 점이다(McWilliam et al., 1996). 정기적인 가정방문자(또는 교사)와 부모는 아동이 말을 할 수 있도록 돕는 방법을 충분히 고안할 수 있다. 클리닉, 치료실, 병원 등에 치료나 수업을 위해 자녀를 데려가는 것에 대해 부모는 신중하게 판단하여야 한다(McWilliam & Strain, 1993). 유아와 가족에게 필요한 것들의 대부분을 가족의 자연적 환경 속에서 할 수 있다. 반면에 클리닉, 치료실, 병원은 전혀 자연적이지 않다.

자연적 환경의 가장 중요한 부분 중의 하나가 가정방문이므로, 가정방문에서 가족의 역할은 바로 정보를 얻는 것이라는 사실을 가족이 이해할 필요가 있다. 따라서 가족은 가정방문자가 가정에 왔을 때 아동을 방문자에게 맡기고 자리를 피할 것이 아니라, 항상 아동과 함께 방에 머물며 방문자와의 대화를 통해 정보를 얻어야 한다.

5. 필요로 하는 물질적 지원을 반드시 받는다

가족의 기본적 요구가 충족되지 않는다면, 가족이 아동을 위해 무엇인가를 하고 싶어도 그것은 결코 쉽지 않다. 만약 가족이 의식주에 어려움을 겪고 있다면, 서비스 조정자에게 도움을 요청할 필요가 있다. 가족을 직접 지역사회 자원에 연결시켜 가족의 기본적 요구를 해결하는 데 도움을 제공하는 것이 조기중재 서비스 조정자의 역할 중 하나다(Trivette, Dunst, & Deal, 1997).

6. 주 서비스 제공자와 관계를 잘 맺는다

주 서비스 제공자(primary service provider)와 가족과의 관계를 돈독하게 하는 것이 중요하다(McWilLam et al., 1995). 물론 조기중재에서 가족-전문가 관계를 바람직하게 키워 나가는 노력의 일차적인 책임은 전문가에게 있지만, 서로 간의 노력으로 바람직한 관계가 형성되는 것이다. 주 서비스 제공자와 긴밀한 유대관계가 형성된다면 가족이 여러 전문가를 일일이 상대하는 데 드는 에너지와 시간을 절약할 수 있다.

가족은 전문가로부터 무엇을 기대해야 하는가

가족은 자연적 환경에서 일어나는 조기중재를 이용하여 많은 것을 얻을 수 있다. 그리고 이것이 제대로 이루어지게 하는 것은 전문가의 책임이다. 부모는 아동을 돌보고 나머지 가족을 돌보는 등 이미 많은 중요한 임무들을 수행하고 있다. 따라서 가족은 전문가에게 다음의 여섯 가지 기대를 할 수 있다.

1. 전문가는 가정과 지역사회 내에서 서비스를 제공할 것이다

연구와 법에서는 아동에게 장애가 없었다면 아동과 가족이 주로 시간을 보낼 장소에서 서비스를 제공할 것을 권장하고 있다.

2. 전문가는 가족의 생태 환경을 파악할 것이다

전문가는 가족이 지닌 자연적인 자원(natural resources)을 활용하기 위해 직계가족(immediate family), 확대가족(extended family), 친구에 대해서, 그리고 가족이 현재 이용하는 서비스와 지역사회 자원에 대해서 파악하고자 할 것이다. 가족은 자유의사에 따라 전문가에게 이와 관련된 정보를 줄 수 있다.

3. 전문가는 가족의 일과를 파악할 것이다

전문가는 기능적인 개별화가족서비스계획을 개발하기 위해서 가족의 일상생활에 대해서 알고자 할 것이다. 전문가는 일과(routine) 중 가족의 역할을 파악하기 위해 가족과 대화를 할 것이다. 또다시 언급하지만, 가족은 자신들이 원하는 만큼만 전문가에게 이와 관련된 정보를 제공할 수 있다.

4. 전문가는 가족이 서비스 관련 의사결정을 할 수 있도록 지원할 것이다

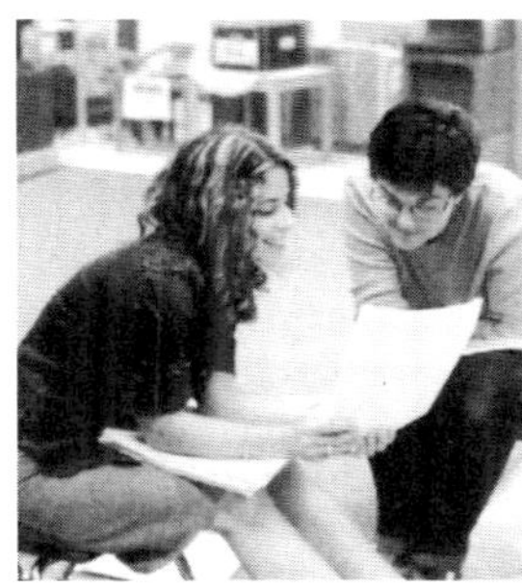

처음에는 약간 두려움도 있을 수 있겠으나, 가족은 자신들이 무엇을 할 것인지 그리고 어떻게 할 것인지에 대한 주요한 결정을 내릴 수 있다. 그러나 가족은 절대로 혼자가 아니다. 도움을 줄 수 있는 전문가 팀이 곁에 있다. 전문가는 개별화가족서비스계획의 목표 설정과 이를 달성하기 위해 필요한 자원에 관해 가족이 의사결정할 수 있게 도움을 제공할 것이다.

5. 전문가는 가끔은 적은 것이 오히려 더 낫다고 설명할 것이다

조기중재 전문가를 포함하여 사회가 누모로 하여금 더 많은 것이 더 낫다(more is better)는 사고를 하게 하는 경우가 종종 발생한다.

따라서 가족은 다음과 같이 믿게 된다. ① 모든 요구마다 서비스가 필요하다. ② 더 많은 서비스 시간을 가질수록 효과가 더 커질 것이다. 앞서 언급하였듯이, 모든 요구가 형식적인 서비스를 반드시 요하지는 않는다. 아동이 많은 자극을 필요로 하는 것은 사실이며, 더 중요한 것은, 가르치는 사람의 피드백(강화)이다. 그러나 이러한 것이 수업이나 치료시간에만 일어나는 것이 아니다(McWilliam, 1995). 오히려 양육자와의 일상적인 상호작용을 통해 이러한 것이 일어난다. 그러므로 서비스에 관한 질문은 다음과 같이 바뀌어야 한다.

- 내 자녀 또는 내가 장기 목표를 달성하도록 보살펴 주는 사람들을 도우려면, 내게 정말 필요한 서비스는 무엇인가?
- 내가 지금 당장 이 서비스를 필요로 한다면, 얼마나 자주 이러한 상담을 필요로 하는가?

자신들이 실제로 필요하지 않은 때에도 치료사의 시간 같은 귀한 자원을 다 써 버리는 것이 최선이 아님을 대부분의 가족들은 인식할 것으로 믿는다. 이러한 시간은 정말 필요로 하는 가족에게 유용하게 쓰일 것이다(McWilliam & Bailey, 1994).

6. 전문가는 가정방문을 하는 동안 지원에 초점을 맞출 것이다

과거에는 가정방문이 작은 자택교육(little home-school)이나 놀이치료 시간으로 비춰졌으나 이제는 더 이상 아니다. 가정방문을 통하여 학습하는 주체는 아동이 아니라 가족이다. 일주일에 한 번 이

뤄지는 가정방문의 목적은 가족의 우선 관심사를 해결하기 위해 그 주에 필요한 모든 지원을 확실하게 받는 데 있다. 그래서 가정방문자는 가족 구성원을 격려하고, 그들의 말에 귀를 기울이고, 기본적인 요구가 충족되는지를 확인하며, 정보를 제공한다. 정보를 제공하는 한 가지 방법으로서 아동과 상호작용을 하는 방법을 직접 보여 주는 것이다. 그러나 이러한 시범이나 모델링은 가족을 지원하는 여러 가지 방법 중의 한 가지에 불과하다. 대부분의 정보는 대화를 통해 전달된다.

지금까지 자연적 환경에 관해 설명하였고, 조기중재 프로그램이 왜 자연적 환경에 관심을 두는지에 대해서도 설명하였다. 이는 어떤 프로그램이 지금까지 해 온 방식에 변화를 요하는 것인데, 그 변화가 쉬운 것은 아니다. 그러나 자연적 환경 실시는 충분히 가치 있는 방향으로의 전환이다. 이는 가족에게 설득력이 있고, 훌륭한 연구가 뒷받침을 하고 있으며, 아동과 가족에게 더 나은 결과를 낳을 것임에 틀림없다. 본 논문에서 설명한 내용은 이미 많은 주에서 실행되고 있다. 가족과 전문가는 함께 손을 잡고 이 여정을 시작할 수 있으며, 반드시 그렇게 해야만 한다.

주

본 연구의 책임자는 노스캐롤라이나대학교(채플 힐) 프랭크 포터 그래햄 아동발달센터 통합프로젝트 Robin McWilliam 박사다.

본 연구는 어느 주의 Part C 스태프가 연구자에게 부모 대상의 원고를 요청한 것으로부터 시작되었으며, 미국 교육부 특수교육국 연구보조금(No. H024D70034)으로 수행되었다. 연구의 내용은 미국 교육부의 입장을 반드시 대변하고 있지는 않다. 연구에 도움을 제공한 Lisa Mayhew, Stacy Scott, Katie Harville에게 감사를 표한다.

교신저자 R. A. McWilliam: Robin_McWilliam@unc.edu

주소: Frank Porter Graham Child Development Center, CB#8180, University of North Carolina at Chapel Hill, Chapel Hill, NC 27516-8180.

참고문헌

Allen, R. I., & Petr, C. G. (1996). Toward developing standards and measurements for family-centered practice in family support programs. In G. H. S. Singer, L. E. Powers, & A. L. Olson (Eds.), *Redefining family support: Innovations in public-private practice* (pp. 57-85). Baltimore: Paul H. Brookes.

Bernheimer, L. P., & Keogh, B. K. (1995). Weaving interventions into the fabric of everyday life: An approach to family assessment. *Topics in Early Childhood Special Education, 15*, 415-433.

Bronfenbrenner, U. (1986). Ecology of the family as a context for human development: Research perspectives. *Developmental*

Psychology, 22, 723-742.

Cohen, S., & Wills, T. A. (1985). Stress, social support, and the buffering hypothesis. *Psychological Bulletin, 98*, 310-357.

Crnic, K. A., Greenberg, M. T., & Slough, N. M. (1986). Early stress and social support influences on mothers' and high-risk infants' functioning in late infancy. *Infant Mental Health Journal, 7*, 19-33.

Davis, H. & Rushton, R. (1991). Counseling and supporting parents of children with developmental delay: A research evaluation. *Journal of Mental Deficiency Research, 35*(2), 89-112.

Dunst, C. J. (1990). Family support principles: Checklists for program builders and practitioners. *Family systems intervention monograph 2*(5). Morganton, NC: Family, Infant and Preschool Program, Western Carolina Center.

Dunst, C. J., Trivette, C. M., & Hamby, D. W. (1996). Measuring the helpgiving practices of human services program practitioners. *Human Relations, 49*, 815-835.

Gallimore, R., Weisner, T. S., Bernheimer, L. P., Guthrie, D., & Nihira, K. (1992). Family responses to young children with developmental delays: Accommodation activity in ecological and cultural context. *American Journal on Mental Retardation, 98*, 185-206.

Gowen, J. W., Christy, D. S., & Sparling, J. (1993). Informational needs of parents of young children with special needs. *Journal of Early Intervention, 17*, 194-210.

Hart, B. (1985). Naturalistic language training techniques. In S. F. Warren & A. K. Rogers-Warren (Eds.), *Teaching functional language* (pp. 63-88). Austin, TX: Pro-Ed.

Hemmeter, M. L., & Kaiser, A. P. (1994). Enhanced milieu teaching:

Effects of parent-implemented language intervention. *Journal of Early Intervention, 18*, 269-289.

Hepting, N. H., & Goldstein, H. (1996). What's natural about naturalistic language intervention? *Journal of Early Intervention, 20*, 250-265.

Hobbs, N., Dokecki, P, R., Hoover-Dempsey, K. V., Moroney, R. M., Shayne, M. W., & Weeks, K. H. (1984). *Strengthening families.* San Francisco: Jossey Bass.

Individuals with Disabilities Education Amendments of 1997, PL 105-17. U.S. *Statutes at Large*, 108.

Kaiser, A. P., Hendrickson, J. M., & Alpert, C. L. (1991). Milieu language teaching: A second look. *Advances in Mental Retardation and Developmental Disabilities, 4*, 63-92.

Kochanek, T. T., & Buka, S. L. (1998). Patterns of early intervention service utilization: Significant child, maternal, and service provider factors. *Journal of Early Intervention, 21*, 217-231.

McCormick, L., & Goldman, R. (1979). The transdisciplinary model: Implications for service delivery and personnel preparation for the severely and profoundly handicapped. *AAESPH Review, 4*, 152-161.

McWilliam, R. A. (1992). *Family-centered intervention planning: A routines-based approach.* Tucson, AZ: Communication Skill Builders, Inc. (now available only from author).

McWilliam, R. A. (1995). Integration of therapy and consultative special education: A continuum in early intervention. *Infants and Young Children, 7*(4), 29-38.

McWilliam, R. A. (Ed.) (1996). *Rethinking pull-out services in early intervention: A professional resource*. Baltimore: Paul H. Brookes.

McWilliam, R. A., & Bailey, D. B., Jr. (1994). Predictors of service-delivery models in center-based early intervention. *Exceptional Children, 61*, 56-71.

McWilliam, R. A., Ferguson, A., Harbin, G. L., Porter, P, Munn, D., & Vandiviere, P. (1998). The family-centeredness of individualized family service plans. *Topics in Early Childhood Special Education, 18*, 69-82.

McWilliam, R. A., Lang, L., Vandiviere, P. Angell, R., Collins, L., & Underdown, G. (1995). Satisfaction and struggles: Family perceptions of early intervention services. *Journal of Early Intervention, 19*, 43-60.

McWilliam, R. A., & Strain, P. S. (1993). Service delivery models. In Task Force on Recommended Practices, Division for Early Childhood, Council for Exceptional Children, *DEC recommended practices: Indicators of quality in programs for infants and young children with special needs and their families* (pp. 40-49). Reston, VA: Council for Exceptional Children.

McWilliam, R. A., Young, H. J., & Harville, K (1996). Therapy services in early intervention: Current status, barriers, and recommendations. *Topics in Early Childhood Special Education, 16*, 348-374.

National Association of State Boards of Education (1991). *Caring communities: Supporting young children and families*. Alexandria, VA: Author.

Powell, D. R. (1987). Life in a parent support program: Research perspectives. *Family Resource Coalition Report, 6*(3), 4-5, 18.

Raver, S. A. (1991). *Strategies for teaching at-risk and handicapped infants and toddlers: A transdisciplinary approach*. New York: Macmillan.

Santos, R. M., & Lugnugaris-Kraft, B. (1997). Integrating research on effective instruction with instruction in the natural environment for young children with disabilities. *Exceptionality, 7*, 97-129.

Tocci, L., McWilliam, R. A., & Harbin, G. L. (1998). Family-centered services: Service providers' discourse and behavior. *Topics in Early Childhood Special Education, 18*, 206-221.

Trivette, C., Dunst, C., & Deal, A. (1997). Resource-based early intervention practices. In S. K. Thurman, J. R. Cornwell, & S. R. Gottwald (Eds.), *The contexts of early intervention: Systems and settings* (pp. 73-92). Baltimore: Paul H. Brookes.

Warren, S. F. (1991). Enhancing communication and language development with milieu teaching procedures. In E. Cipani (Ed.), *A guide for developing language competence in preschool children with severe and moderate handicaps* (pp. 68-93). Springfield, IL: Charles C. Thomas.

Weisner, T. S., Bausano, M., & Kornfein, M. (1983). Putting family ideas into practice: Pronaturalism in conventional and non-conventional California families. *Ethos, 11*, 278-304.

통합의 범위를 넓혀 가기

보육시설장의 역할

Susan Craig, Ph.D., ASH Associates, Inc.
Ann Haggart, Ed.M., ASH Associates, Inc.
Susan Gold, Ed.D., Mailman Center for Child Development
Karla Hull, Ph.D., Associate Professor,
College of Education Valdosta State University

서 론

연방법(federal law)과 주법(state law)에서는 최소제한적 환경(least restrictive environment)에서 서비스를 제공할 것을 규정하고 있고 최소제한적 환경의 장점에 대해 많은 연구들이 언급하고 있음에도, 통합보육(inclusive child care)은 아직도 완벽하게 실시되지 않고 있는 실정이다(Brown, 1997). 장애영아의 요구를 체계적이며 계획된 학습기회 속에서 다루도록 훈련된 조기중재자들은 비형식적이고 개방적인 구조를 지닌 기관 중심의 보육 프로그램에서 어떻게 적응할지 힘들어한다(Bruder & Dunst, 1999). 장애를 가진 아동들이 공립 및 사립 보육 프로그램을 이용할 권리가 있음을 미국장애인법(Americans with Disabities Act)이 명시하고 있다는 것을 보육시설 원장들이 인지하고 있지만, 실제로 장애유아 가족들의 보육 요구에 대해서는 잘 모르는 경우가 많다(Craig, 1996; Craig & Haggart, 1994). 그 결과, 아주 적은 비율의 가족만이 통합보육시설을 찾는 데 성공한다(Devore & Hanley-Maxwell, 2000; Fewell, 1993; Gold, 2000; Guralnick, 2000; Landis, 1992).

지금까지 통합보육을 촉진하는 대부분의 노력은 보육시설 교사들에게 초점이 맞추어졌다. 교사가 일상 보육의 책임을 지고 있기 때문에 비전형적인 발달(atypical development)과 장애를 보이는 아동에게 필요한 수정에 관한 훈련이 주로 제공되었다. 이러한 유형의 훈련이 중요하기는 하지만, 보육시설의 운영과 방침을 결정하는 원장의 중요한 역할을 소홀히 할 경향이 있다. 원장은 장애가 있는 아동의 취원(enrollment)을 촉진하거나 막을 수 있는 위치에 있는 사람이다. 원장은 통합보육의 문제점을 해결하는 데 중요한 기여를 할 수 있음에도 불구하고, 지금까지 소홀히 다루어진 자원이라고 할 수 있다.

학교의 교장과 마찬가지로, 보육시설 원장의 비전은 그 시설에서 제공하는 보육의 유형을 결정한다. 프로그램 관리자의 역할에 따라 프로그램과 그 프로그램의 방침이 상당히 달라진다는 사실은 교육적

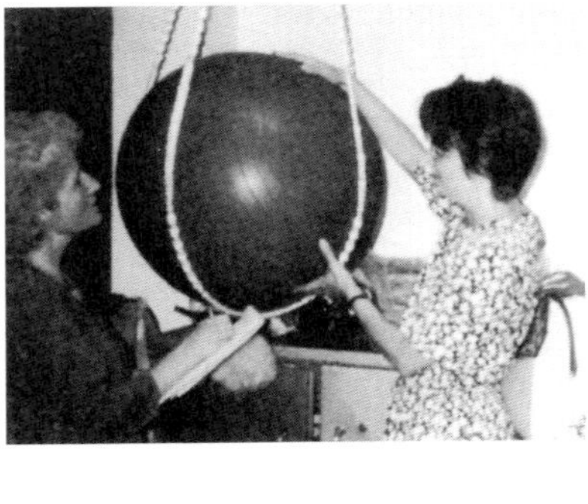

변천이나 교육적 효과에 관한 연구에서 꾸준하게 지적되었다(Berman & McLaughlin, 1978; Fullan, 1991; Rutter et al., 1979; Sergiovanni, 1994). 사실상 프로그램의 관리자는

"성공하는 조직의 조건, 예를 들면 공동목표 개발, 협력체계와 분위기 조성, 결과 점검절차 등과 같은 조직체의 필수적인 조건을 만드는 위치에 있는 인물이다."(Fullan, 1991, p. 76) 보육시설 원장은 기관의 방침을 결정하고 취원 및 퇴원(dismissal) 절차를 결정한다(Bloom, 1988). 원장은 서비스 제공자 훈련과 프로그램 기준 설정에 대한 책임을 지며, 직원들이 질적인 보육을 하도록 시범을 보여야 하는 책임이 있다(Bloom & Sheere, 1992). 시설장이 갖는 책임과 권력의 범위를 보았을 때, 조기중재와 보육시설 원장의 협력이 잘 이루어진다면 장애를 가지고 있는 유아의 참여는 훨씬 용이할 것이다.

원장을 대상으로 먼저 일을 시작하여야 합니다. 우리는 이와 같은 사실을 직접 체험으로 배웠습니다. 주 차원에서 교사들을 대상으로 연수가 있었습니다. 연수를 받고 기관으로 돌아간 교사들 중 상당수는 자신들이 배운 것을 기관에서 실행해 볼 수 없었습니다. 왜냐하면 교사들이 습득한 정보와 철학을 원장은 갖고 있지 않았기 때문입니다(웨스트 버지니아 모건타운 보육시설 원장, 1998).

우리가 기관에 접근할 수 있도록 최종적인 허가를 하는 사람이 바로 원장입니다. 그러므로 원장을 우리와 같은 배에 태우고 긍정적인 관계를 맺는 것이 매우 중요합니다(텍사스 템플 조기중재자, 1998).

원장의 참여를 이끌어 내기

지난 몇년간 저자들은 연방정부의 재정적인 지원을 받아 시범모형을 개발하고 이를 확장하는 프로젝트를 통하여 52개 보육시설 원장들과 함께 일하였다. 참여한 보육시설들은 앨라배마, 매사추세츠, 메릴랜드, 뉴햄프셔, 텍사스, 웨스트버지니아, 그리고 아메리칸 버진 아일랜드 등에 위치하였다. 프로젝트의 목적은 각 주정부의 Part C 조정자에게 따라 하기 쉬운 모형(easily replicated model)을 제공하는 것이었는데, 이 모형은 장애가 있는 영아 가족의 보육시설 선택 권리를 보장하기 위해 프로그램의 원장과 함께 협력하는 내용을 담았다. 조기중재와 보육 공동체의 협력을 지원하는 Part C의 재정적 지원을 받은 이 모형은 가격이 저렴하면서 각자 자신의 진도에 맞추어 학습할 수 있는 훈련 자료를 이용함으로써 쉽게 복제할 수 있도록 하였다.

프로젝트에 참여한 원장들은 통합에 관한 연수를 24시간 받았으며, 통합보육을 반드시 실시한다는 의지가 반영되도록 자신들의 프로그램 정책과 절차들을 수정하였다. 대부분의 원장들은 지역의 Part C 담당자의 도움을 받아 통합활동 연수를 30시간 더 받았다. 연수를 마칠 무렵 원장들과 Part C 담당자들은 개별 전화 면담에 참여하였는데, 면담은 이 연수와 전혀 연관이 없는 전문가에 의해 실시되었다. 원장에게 제공된 연수의 질을 평가하고 각 프로그램에 속한 직원 및 아동에게 미친 연수의 효과를 평가하는 것이 면담의 목적이었다. 이 면담에서 발췌된 내용들이 본문 중간 중간에 소개될 것이다.

원장들은 연수에 압도적인 지지를 보냈다. 그들은 이제부터 통합보육을 실시할 것을 확실하게 약속하며, Part C 조기중재 프로그램에 다음과 같은 내용을 제안하였다.

보육의 역할을 명확히 한다

프로그램이 장애를 가지고 있는 아동과 그 가족에게 매우 중요한 기여를 할 수 있음을 원장이 깨달을 때 통합보육에 대한 열의가 증대된다. 모든 기회를 이용하여 원장에게 자신이 얼마나 핵심적인 자원이 되는지를 인식시켜야 한다. 그리고 개인적인 경험이 통합보육의 실제에 많은 영향을 미친다. 그러므로 지역사회 내의 보육시설 원장들과 접촉하여 장애영아를 이미 자신의 기관에 받아들인 원장과의 만남을 주선하는 것이 좋다.

> 솔직히 말해서, 난 처음에 불안감을 갖고 있었어요. 그러나 교사들 몇 명이 한 번 해 보자는 강한 의지를 보였기에 시도해 보기로 결정하고, 장애아동 몇 명을 받아들였어요. 그리고 놀라운 일이 일어났어요. 교사들은 내게 달려 와 "조지를 한 번 보세요!" "조지가 지금 무엇을 하고 있는지 아마 믿기 어려울 거예요!" 라고 말하곤 하였어요. 조지에 대해 내가 갖고 있는 확실한 인상은 이분척추(spina bifida)를 가지고 있는 작은 남자아이란 것뿐이었어요. 처음에 프로그램에 들어왔을 때 말도 못하고 걷지도 못하던 아이였어요. 그런데 지금은

걸을 수 있으며, 춤도 추고, 노래도 합니다. 이러한 일을 일상에서 경험한다는 것이 놀라울 따름입니다(메릴랜드 보육시설 원장, 1993).

원장들이 다년간 쌓아온 아동 경험을 존중하여야 한다. 이미 그들이 가진 지식 위에 장애영아를 돌보는 데 필요한 새로운 정보를 덧붙이면 된다. 아동에게 최고의 보육 프로그램을 제공하고자 하는 그들의 신념이 통합보육 실시 필요성과 연결될 수 있도록 지원하여야 한다.

장애가 있는 아동에게 생활연령에 적합한 일과가 어떻게 도움이 되는지에 관한 강의를 들은 후, 나는 기관으로 돌아가 두 아동의 배치를 바꾸었습니다. 이 두 아동은 나이가 훨씬 많음에도 불구하고 아직 걷지 못하기 때문에 지금까지 영아반에 배치되어 있었습니다. 이 아동들을 또래 학급에 배치하는 것에 대해 여러 가지 우려가 많았기에 영아반에 배치하였으나 그 방법이 옳지 않다고 생각하게 된 것입니다. 우리가 아동에게 요구하는 것보다 훨씬 더 많은 것을 아동이 할 수 있을 것으로 나는 생각하였습니다. 그래서 생활연령에 맞는 배치의 중요성에 대해 듣고서 용기를 내었습니다. 그리고 실행에 옮기자 아동은 생활연령에 맞는 교실에서 아무 문제없이 적응하였습니다(텍사스 와코 보육시설 원장, 1999).

기관에 등록된 아동 가족의 요구에 맞추어 개별화된 보육을 이미 실시하고 있는 원장의 노력을 인정하여야 한다. 만약 한 가족이 여러 명의 자녀를 프로그램에 보낸다면, 장애 형제를 그 프로그램에 받아들이는 것은 자연스러울 것이다. 특별한 요구를 가진 아동에게 개별화된 보육을 제공하는 원장을 격려하여 자신이 가지고 있는 전략들을 다른 원장이나 직원과 나눌 수 있도록 한다.

> 장애가 있는 아이들이 우리 프로그램에서 성공할 수 있다는 것을 직접 확인함에 따라 우리는 마음을 바꾸기 시작하였고, 우리가 해 왔던 것들을 하나씩 바꾸어 나가기 시작하였습니다(매사추세츠 보육시설 원장, 1998).
>
> 이 아이들을 집단환경에 통합하는 것에 대해 내가 얼마나 편견을 갖고 있었는지 깨닫게 되었습니다. 특수아동을 우리 기관의 일부가 되게 하고 아동을 위해 수정하는 것이 아주 쉬운 일이라는 것을 이전에는 전혀 깨닫지 못하였습니다(텍사스 케이티 보육시설 원장, 1999).

보육의 질을 높이기 위한 노력에 통합을 연계한다

모든 원장은 기관에서 제공하는 보육의 질을 향상시키는 데 관심을 갖고 있다. 보육의 질을 높이는 데 들이는 원장의 노력에 통합보육이 어떻게 도움이 되는지를 이해시켜야 한다. 조기중재와의 협력(collaboration with early intervention)이 모든 아동을 위한 최상의 실제(best practices)를 촉진할 수 있는 한 가지 방법이라는 접근을 하여야 한다. 예를 들어, 기관에 등록된 모든 아동의 언어 및 운동발달 요구에 부응할 수 있도록 직원의 역량을 높이는 데 조기중재 담당자가 도움을 제공하도록 한다. 기관을 방문하는 조기중재 담당자는 임상적 이정표(clinical milestones) 패러다임 속에서 아동발달을 논하기보다는, 보육 담당자가 발달에 적합한 교육과정을 개발하고 유지하는 데 어떻게 구체적인 도움을 줄 것인지에 초점을 맞추어야 한다. 또한 장애아동과 비장애 또래의 차이를 강조하기보다는, 보육 담당자가 이미 가진 능력과 지식 바탕 위에 장애에 관한 정보를 덧붙인다.

나는 보육 담당자에게 차별화된 접근을 해야 한다는 것을 배웠습니다. 지금 나는 그들이 현재 하고 있는 것을 보고 그것에 바탕을 두어 수정할 수 있는 방법을 찾으려 애씁니다. 나의 방식을 강요하기보다는 그들의 방식에 맞게 일하는 법을 배웠습니다(텍사스 템플 조기중재자, 1998).

직원연수 장려금, 자금조달 옵션을 이용한다

보육시설 원장은 직원연수에 필요한 재원을 충당할 방법을 항상 찾고 있다. 이는 조기중재자가 원장들을 실제로 도울 수 있는 확실한 영역이다. 이 프로젝트에 관여하는 Part C 조정자는 지역의 서비스 조정자를 조기중재 중개인(Early Intervention Bridges)으로 지명하여 지역의 보육 프로그램에 도움을 제공하도록 하고 있다. 원장과의 협력, 그리고 직원 연수에 도움을 주는 것이 바로 Part C가 조기중재 중개인을 통하여 제공하는 서비스의 하나다.

원장과 논의할 수 있는 또 다른 자금 조달 옵션으로서 아동 발달 정액 보조금(Child Development Block Grant)이나 교육을 지원하는 지방 자선단체 등을 들 수 있다. 현재 많은 주에서 보육 제공자들로 하여금 아동발달협회의 연수를 받을 것을 요구하고 있다. 조기중재 담당자가 속한 지역사회 내에서 이 연수를 담당하는 실무자를 찾아서 그와 상의하여 연수 시간 중 일부를 장애가 있는 아동 관련 내용으로 공동교수(co-teaching)한다.

> 조기중재 담당자와 재정적 논의를 하고 대안적 자금 조달 방법을 찾은 것이 내게는 큰 도움이 되었습니다(웨스트 버지니아 보육시설 원장, 1998).

원장이 지속적으로 참여하도록 지원하기

관계를 발전시킨다

통합보육으로의 이동은 보육과 조기중재 양쪽의 체계적인 변화 과정을 포함한다. 이 과정은 모두에게 쉽지 않은 과정이므로 여기에 관여된 전문가들은 서로를 지원하는 것이 매우 중요하다. 이를 성취하기 위한 방법으로서 우리와 함께 일하였던 원장들은 다음과 같이 추천하였다. 즉, 지역의 보육 프로그램과 조기중재 프로그램이 지속적인 협력 구조를 만들어야 한다. 예를 들면, 한 달에 한 번씩 만나 간단한 점심식사를 하며 공통 관심사를 논의하고 자원을 공유할 수 있다. 혹은 지역별로 감시인 집단(watchdog group) 역할을 하는 소위원회를 만들어 지역에서 얼마나 통합보육을 지원하는지를 점검할 수 있다. 어떤 형태가 되든지 간에 보육시설 원장과 조기중재 사이에 조성된 관계는 존중, 상호성, 그리고 통합비전을 공유하는 형식적인 의사소통 체제를 갖추어야 한다.

관계를 만들어 나가기 위해서는 많은 노력이 필요합니다. 처음에는 조기중재 담당자들이 자신의 전문 영역을 상당히 강조하였기에 그들이 보육교사를 전문가로 보지 않는 것이 아닌가 하는 의구심이 들었습니다. 그러나 이러한 편견을 거두자 우리의 협력관계는 자연스럽게 형성되었습니다. 조기중재 담당자들은 가족과의 공감적인 관계 형성에 탁월한 능력을 보였고, 지금은 우리도 그렇게 하고 있습니다(매사추세츠 보육시설 원장, 1998).

문제가 될 만한 것들을 지적한다

원장은 통합보육을 실제로 수행하려면 우선 프로그램의 정책과 절차를 신중하게 검토하여야 한다. 이렇게 하는 것은 두 가지 점에서 중요하다. 하나는 장애를 가지고 있는 아동을 차별하는 배치나 행동에 대한 기대를 배제하기 위함이며, 또 다른 하나는 아동 취원과 참여가 매끄럽게 이루어지도록 절차를 만들기 위함이다.

비장애아동을 대상으로 만들어진 정책이라도 대부분의 내용은 장애아동에게 바로 적용될 수 있다. 한 가지 예로서 안전계획(safety plans)은 비상사태 시 대피 절차를 포함하여, 아동의 연령과 활동 수준에 따른 놀이 영역 표준을 따르는지 정기적으로 환경평가를 하는 것으로서 모든 아동에게 적용된다.

장애를 가지고 있는 아동을 위한 조정(accommodations)이란 이러한 규정을 좀 더 엄격하게 적용하는 것을 의미하거나 아동이 지닌 특정 요구에 따라 약간의 수정을 하는 것일 수 있다. 예를 들어, 2세 아동이 주로 보이는 '입으로 물건을 가져가는 행동'을 발달장애를 지닌 4세 아동이 자주 보인다면, 이 아동이 속한 4세 학급에서는 보편적인 보건 예방조치(Universal Health Precautions)를 엄격하게 고수하여야 할 것이다.

그런데 의도하지 않았음에도 불구하고, 장애아동의 참여가 어떤 절차에 의해 제한되는 경우가 발생할 수 있다. 예를 들어, 가정에서 음식을 못 가져오게 하는 규정은 특별한 식이요법 중인 아동의 참여를 제한할 것이다. 나이에 적절한 집단으로 들어가기 위한 기준으로서 특정한 기술을 습득하여야 하는 규정이 있다면 대소변을 가리지 못하거나 걷지 못하는 아동에게는 문제가 된다. 아동에게 행동문제가 있는 경우 원장의 재량으로 퇴원 조치를 취하는 규정이 있다면 가족과 조기중재 제공자가 행동계획을 실시할 수 있는 가능성이 줄어들게 된다.

문제가 될 만한 것들이 있는지 원장으로 하여금 기관의 정책을 검토하도록 권하여야 한다. 그리고 통합보육에 좀 더 적절한 정책으로 다시 작성하는 방법을 제안하는 것이 필요하다. 예를 들어, 원장이 행동문제를 보이는 아동을 퇴원시킬 수 있는 권한이 적힌 문건을 다음과 같은 문장으로 대치할 수 있다. 즉, "필요하다면 아동이 기관의 프로그램에 성공적으로 참여할 수 있도록 지원하는 행동관리계획(behavior management plan)을 개발하고 실시하기 위해 원장은 아동의 부모와 조기중재팀 구성원을 만날 것이다." 가정으로부터의 음식 반입을 제한하는 규정을 "아동의 식이요법상 꼭 필요한 경우가 아니라면, 가정으로부터 음식을 가지고 올 수 없다."로 완화할 수 있다.

아동이 대소변을 가릴 수 있고 걸을 수 있어야만 다음 학급, 예를 들면 3세 학급으로 옮겨 가는 것이 우리가 항상 고수하던 정책이었습니다. 그러나 어떤 아동은 결코 대소변을 가리지 못하고 걸을 수도 없으나 자신의 연령에 맞는 학급에 속할 수 있다는 것을 지금 나는 알고 있습니다. 우리는 정책을 수정하였으며, 바뀐 정책은 아무 문제가 없었습니다. 그리고 대소변을 가리지 못한 아동은 대소변을 가리는 또래 옆에 단지 있는 것만으로도 그 자체가 동기유발이 되어 대소변 훈련에 더욱 적극적으로 참여하였습니다. 지금 장애가 있는 아동은 또래와 함께 자라고 있으며, 이것이 바로 큰 차이를 나타내는 것입니다(웨스트 버지니아 모건타운 보육시설 원장, 1998).

내 생각에, 원장에게 요구되는 가장 큰 변화 중의 하나는 장애가 있는 아동을 발달연령에 맞는 교실이 아니라 생활연령에 맞는 교실에 배치하는 것이라 여겨집니다. 이는 굉장히 큰 변화였지만 현재 원장들은 이를 실행에 옮기고 있습니다(텍사스 와코 조기중재자, 1998).

공식적인 등원 이전에 반드시 부모와 아동이 기관을 방문하도록 하는 프로그램의 정책을 갖는 것이 좋다. 이렇게 함으로써 장애를 가지고 있는 아동을 맞이하기 위해 필요한 훈련이나 수정을 할 수 있는 기회를 사전에 갖고서 장애아동을 맞이할 준비를 하게 된다. 원장이 이러한 정책의 중요성을 깨닫도록 도와야 한다. 이와 같은 정책이 있음으로써 원장이 사전에 가족과 개별화가족서비스계획팀의 다른 구성원과 만나 필요한 보완책을 의논하고 필요한 훈련 계획을 잡을 수 있다는 것을 인식하게 해야 한다.

원장이 통합보육을 실시하는 데 있어서 고려하여야 할 또 다른 문제는 대기자 명단 관리다. 어떤 기관에서는 장애가 있는 아동과 장애가 없는 아동 대기자 명단을 따로 관리하면서 이러한 방법이 모든 아동에게 공평하다고 주장한다. 그래서 기관 전체를 통틀어 장애아동과 비장애아동의 적절한 비율을 유지하고자 한다. 그러나 학교 배치의 경우와 마찬가지로 보육 프로그램에서도 자연적인 비율 원칙을 따르는 것이 성공적인 통합을 유지하는 가장 좋은 방법이다. 즉, 지역사회 내에서 또래들이 다니는 기관에 장애를 가지고 있는 아동도 자연스럽게 함께 다닐 수 있도록 원장이 받아들여야 한다(Stainbeck, Stainbeck, & Jackson, 1992).

적극적으로 모집하기

원장은 장애아동의 가족이 기관으로부터 환영받는다는 느낌을 가질 수 있도록 노력해야 한다. 차별하지 않는다는 일반적인 말만으로

는 충분하지 않다. 부모 입장에서는 기관에서 장애아동이 필요로 하는 지원을 제공할 수 있는 만반의 준비가 되어 있다는 사실을 확인하고 싶어 한다(MacTavish, 1995).

한 원장은 등록 양식(enrollment form)에 다음과 같은 장애 관련 질문을 삽입하는 것이 효과적이라고 말한다. "댁의 자녀가 장애 혹은 특정한 요구가 있어서 보육활동 시에 유의할 점이 있습니까? 만약 있다면, 우리 프로그램이 아동에게 맞출 수 있도록 구체적으로 설명하여 주세요." "댁의 자녀는 개별화가족서비스계획을 갖고 있습니까? 만약 그렇다면, 접촉할 사람을 알려 주세요(이름과 전화번호-정보공개가 또한 필요함)."

팸플릿과 등록 양식에는 다음과 같은 문구가 반드시 삽입되어야 한다. "본 기관은 장애가 있는 아동을 환영합니다. 아동에게 적절한 보육 서비스를 제공하기 위해 추가적인 정보를 필요로 할 수 있습니다. 댁의 자녀가 장애를 가지고 있다면 원장에게 알려 주십시오. 등록 과정이 신속하게 진행될 수 있도록 하겠습니다." 이러한 문구나 절차를 만들어 놓음으로써 원장은 아동이 시기적으로 적절하게 등록할 수 있게 하며, 보육교사에게 필요한 기본 정보/훈련을 제공하게 된다.

기술적 지원을 제공한다

보육시설 원장은 직원을 관리하고 매월 급여를 맞추고 우수한 프로그램을 운영하는 데 필요한 여러 세부 사항들의 최종적인 책임을 맡고 있는 매우 바쁜 사람이다. 그러므로 개별 아동의 진보를 점검하기 위해 원장을 만나야 할 때는 원장과의 회의 시간을 최소화하면서 정례화하여 원장의 바쁜 업무에 부담을 주지 않는 것이 좋다. 이 회의에서는 조기중재 서비스가 모든 아동의 성공적인 참여를 촉진하기 위하여 학급 스태프들의 능력 배양에 기여할 수 있는 방안을 논의한다. 이러한 방식으로 제공되는 기술적 지원(technical assistance)은 모든 아동에게 우수한 보육 서비스를 제공하고자 하는 원장의 우선적인 목표와도 일치한다.

> 내가 요즈음 기관을 방문할 때마다 느끼는 점이 있는데…… 스태프들이 나에게 아동 지도와 관련하여 많은 질문을 합니다. ……우리를 조언자나 지원자로 활용하는 것 같습니다. 이러한 태도는 이전에 전혀 볼 수 없었던 변화입니다(텍사스 템플 조기중재자, 1998).

보유하고 있는 연락처를 공유한다

장애아동이 등록하였을 때 원장이 이에 필요한 자원을 알고 있다면 통합보육에 대한 지원은 훨씬 수월해진다. 원장이 그 지역의 의료적 자원과 지역사회 자원에 대해 많이 알고 있다면, 보육과 관련하여 직원연수와 직원의 관심사를 해결해 줄 수 있는 방안을 어렵지 않게 찾을 수 있을 것이다. 조기중재자는 원장으로부터 신뢰를 얻어야 한다. 고위험군 아동과 가족의 요구를 다루는 연수 시간에 원장을 초대하는 것도 좋은 방법이다. 장애아동 보육과 관련된 기관 자문위원회에 원장을 위촉하는 것도 고려해 볼 수 있다. 원장에게 지역 병원의 신생아병동 방문 기회를 제공하여 그 환경이 어떠한지 직접 경험하게 한다. 원장이 조기중재 협력 체제에 참여하는 기회가 늘어날수록 장애아동과 가족에게 우수한 서비스를 일관되게 제공할 기회가 늘어난다.

원장이 조기중재 자원에 대해 많이 알수록 장애아동을 프로그램에 받아들이는 기회도 증대됩니다. 이는 원장이 자신이 필요로 하는 지원을 받을 것이라는 것을 알고 있기 때문에 …… 요즈음 나는 원장들로부터 많은 전화를 받는데, 주로 궁금한 것을 물어보거나 특정 아동을 위한 자원을 찾는 경우입니다(웨스트 버지니아 파커스버그 조기중재자, 1998).

결 론

장애가 있는 영유아를 지역사회 내 보육시설에 통합하는 것은 계속적으로 논의된 주제이지만, 실제적인 통합은 구두로 논의하는 것에 비해 상당히 뒤떨어져 있다. 이러한 상황을 개선하는 데 주요한 역할을 할 수 있는 보육시설 원장은 아직 미개발 자원이다. 이 글에서는 보육시설 원장이 취할 수 있는 여러 가지 방법을 논하였고, 그러한 원장의 노력을 지원하는 전략에 대해서도 언급하였다. 이는 다음의 사항을 포함한다. 즉, 모든 아동에게 질 높은 보육 서비스를 제공하고자 하는 노력과 장애아동 보육 관련 연수를 연결하기, 기관의 방침과 절차를 수정하기, 그리고 장애를 가지고 있는 아동과 가족을 적극적으로 찾아 모집하기 등이다. 조기중재에서는 지속적인 기술지원과 조기중재 협력체제의 자원 공유, 그리고 상호적으로 도움을 제공하는 견고한 관계 형성을 통해 원장의 노력을 지원할 수 있다.

> 원장들이 궁금한 것을 묻고 이야기 나누며 지원을 받을 수 있는 조기중재자가 정말로 필요합니다. 그리고 원장은 조기중재 팀 구성원에게 보육시설 현황에 대하여 알려줄 수 있습니다. 그리고 보육현장에서 효과적이지 않은 활동은 어떠한 것들인지에 대해서도 알려 줄 수 있습니다. 우리는 서로에게서 배웁니다(웨스트 버지니아 모건타운 보육시설 원장, 1998).

주

본 연구의 일부는 미국 교육부 특수교육국의 장애아동 조기교육 프로그램 연구보조금(No. HO24D70044-98)의 지원을 받은 '장애를 지닌 영유아의 성공적인 통합' 프로젝트로 수행되었다. 연구의 내용은 연구비 지원기관의 의견을 반드시 반영하고 있지는 않다.

Berman, E., & McLaughlin, M. (1978). Implementation of educational innovation. *Educational Forum, 40*(3), 345-370.

Bloom, E. J. (1988, November). *The training and qualifications of childcare directors.* Paper Presented at the National Conference in Support of Children and Families. Washington, D.C.

Bloom. E. J., & Sheere, M. (1992). The effect of leadership training on child care program quality. *Early Childhood Research Quarterly, 1*, 579-594.

Brown, W. H. (1997). Inclusion: A time to include and support young children. *Dimensions of Early Childhood, 25*, 3-5.

Bruder, M., & Dunst, C. (1999). Expanding opportunities for infants and toddlers in natural environments: A chance to reconceptualize early intervention. *Zero to Three, 20*(3), 34-36.

Craig, S. E., & Haggart, A. G. (1994). Including all children: The ADA's challenge to early intervention. *Infants and Young Children, 7*(2), 15-19.

Craig, S. E. (1996). Child care centers. In S. K. Thurman, J. R. Cornwell, & S. R. Gottweld (Eds.), *Contexts of early intervention: Systems and settings* (pp. 191-199). Baltimore: Paul H. Brookes.

Devore, S., & Hanley-Maxwell, C. (2000). I wanted to see if we could make it work: Perspectives on inclusive child care. *Exceptional Children, 66*(2), 241-255.

Fewell, R. R. (1993). Child care for children with special needs. *Pediatrics, 91*, 193-198.

Fullan, M. (1991). *The new meaning of educational change.* Teachers

College Press.

Gold, S. (2000). Including young children with special needs in early childhood programs: Where is Florida headed? *Children Our Concern, 23-30.*

Guralnick, M. J. (2000). The early intervention system and out of home child care. In D. Cyres & T. Harms (Eds.), *Infants and toddlers in out-of-home care* (pp. 207-234). Baltimore, MD: Paul H. Brookes.

Landis, L. J. (1992). Marital, employment, and child care status of mothers with infants and toddlers with disabilities. *Topics in Early Childhood Special Education, 12,* 496-507.

MacTavish, J. (1995). Focusing on families as a point of service. In S. J. Schleien, J. E. Rynders, L. A. Heyne, & C. E. S. Tabourne (Eds.), *Powerful partnerships: Parents and professionals building inclusive recreation programs together* (pp. 16-18). Minneapolis: The College of Education, University of Minnesota.

Rutter, M., Maughan, B., Mortimore, P, Ouston, J., & Smith, A. (1979). *Fifteen thousand hours.* Cambridge, MA: Harvard University Press.

Sergiovanni, T. (1994). Building community in schools. San Francisco, CA: Jossey-Bass.

Stainbeck, S., Stainbeck, W, & Jackson, H. J. (1992). Toward inclusive classrooms. In S. Stainbeck & W. Stainbeck (Eds.), *Curriculum considerations in inclusive classrooms* (pp. 3-18). Baltimore: Paul H. Brookes.

흥미에 바탕을 둔 자연적 학습기회

Carl J. Dunst, Ph.D., Orelena Hawks Puckett Institute, and Family, Infant, and Preschool Program, Western Carolina Center
Serena Herter, B.S., Orelena Hawks Puckett Institute
Holly Shields, M.S., Allegheny Singer Research Institute

아동이 경험하는 학습기회의 유형은 많은 것들의 영향을 받는다. 아동과 가족이 사는 지역이 흔히 학습기회를 결정짓는다(Dunst, Bruder, Trivette, Raab, & McLean, 1998). 해변 가까이 사는 아동은 모래 놀이, 수영, 통에 물을 담아 모래 구멍 속에 물 쏟기 등을 하며 해변에서 많은 시간을 보낼 것이다. 도시에 사는 아동은 시립동물원을 방문하고, 아동 음악회에 가며, 과학센터에서 직접적인 과학실험을 할 기회를 자주 가질 수 있다. 산촌에 사는 아동은 자연관찰을 할 수 있는 산책의 기회를 가지며 돌과 나뭇잎을 모으고, 나비를 좇고, 바위를 타는 등의 경험을 할 것이다.

아동의 바람직한 행동에 대한 부모의 믿음 또한 아동의 학습기회에 영향을 미친다(Gauvain, 1999). 매우 종교적인 신념을 가진 부모는 다양한 신앙 활동, 즉 종교예식 참석, 가족식사 전후의 기도, 주일학교 등에 아동을 참여시킬 것이다. 스포츠를 매우 중요시하는 부모는 자녀에게 티볼(T-ball: 야구와 유사한 게임), 축구, 수영 또는 태권도 같은 활동을 소개할 것이다. 성취 지향적인 부모는 무용, 음악, 미술 등과 같은 다양한 활동에 자녀를 참여시킬 것이다.

학습기회를 결정짓는 요소 중 매우 중요한 것은 아동의 홍미(interests)와 선호도(preferences) 그리고 강점(strengths)과 재능(capabilities)이다(Chen, Krechevsky, Viens, & Isberg, 1998; Guberman, 1999). 물을 좋아하는 아동에게는 관심사를 표현할 수 있는 기회가 다음과 같은 방법으로 제공된다. 즉, 마당에서 물놀이하기, 식물과 꽃에 물 주기, 지역사회 수영장에 가기, 비 온 뒤 물웅덩이에서 철벅거리기 등이다. 음악과 무용에 관심이 있다면, 아동 음악회 가기, 무용 레슨받기, 주크박스(jukebox: 동전을 넣어 원하는 음악 듣는 장치)로 노래하기, 원을 그리며 노래하고 춤추다가 신호에 따라 웅크리는 놀이(ring-around-the-rosy)하기, 아동 축제에서 악기 연주하기 등이 학습기회가 된다. 다른 아동과 함께 어울리는 것을 좋아하는 아동은 체육수업, 수영교실, 동네 놀이 집단, 어린이 스포츠단, 파티에 가기, 그리고 다양한 사회적 모임과 같은 활동에 참여한다.

연구와 실제(research and practice)에 따르면, 아동의 학습과 발달이 빠르게 이루어지는 때는 자신이 홍미를 느끼는 사회적, 비사회적 활동에서 이미 가지고 있는 기술을 실제로 이용하고 환경을 탐색하며 새로운 능력을 학습할 수 있는 기회를 가질 때다(Chen et al., 1998; Dunst, 2000; Gelman, Massey, & McManus, 1991; LeeKeenan & Nimmo, 1993; Mandler, 2000; Nelson, 1999). 예를 들어, Nelson(1999)은 아동 능력의 다양성은 "생활 속의 활동 및 홍미와 관련 있다."(p. 2)라고 보고하였다. Guberman(1999)은 "아동 자신의 홍미와 흥미가 의미를 지니게 하는 과정(sense-making processes)이 바로 지원적 환경 형성의 핵심이다." (p. 207)라고 하였다.

배 경

이 논문에서는 아동의 흥미를 파악하고 이를 이용하여 아동이 지역사회 중심 학습기회에 참여하는 절차를 설명할 것이다. 이 절차는 장애가 있거나 발달이 지연된 0~8세 아동과 부모를 위한 모델-시범 프로젝트(model-demonstration project)의 일부로서 개발되었다. 자연적 학습기회의 원천인 지역사회 중심 활동과 환경에 참여를 촉진하는 것이 이 프로젝트의 목적이었다(Umstead, Boyd, & Dunst, 1995).

지역사회 중심의 자연적인 학습기회에 참여를 촉진하는 활동의 특성과 학습 기회로부터 얻어지는 이득의 관점에서 아동 참여가 평가되었다(Bronfenbrenner, 1992). 성공적인 학습활동 및 기회의 개별적, 환경적 특성을 파악하기 위해 아동의 지역사회 활동 참여를 관찰하고, 사례연구를 하고, 부모와 지역사회 구성원들에게 설문지를 돌렸다(Dunst, 2001). 성공적인 학습기회란 재미와 즐거움을 제공하며, 단순

자료 1

개구쟁이 데니스

"내가 얌전하게 행동하기를 원해요? 아니면 내가 즐겁게 놀기를 원해요?"

Hank Ketcham과 North America Syndicate의 허락을 받고 사용하였음

히 아동이 순응하게 하기보다 아동이 가지고 있는 능력과 싹트는 능력을 표현할 수 있게 만드는 환경이다(자료 1 참조). 아동의 흥미에 맞는 활동에 참여하는 것이 아동, 부모, 가족 모두에게 긍정적인 영향을 미친다는 사실은 지금까지 많은 연구에서 일관되게 밝혀졌다(Dunst, 2001).

능력을 향상시키는 지역사회 학습활동(competency-producing community learning activities)을 저자들이 분석한 결과 [그림 1]과 같은 모형을 만들 수 있었다(Dunst, 2000). 아동이 흥미를 느끼는 사람, 물건, 사건과 같은 '주의를 끄는 것'(Foegel, 1997)이 아동으로 하여금 사람 및 물건과 놀이하고, 탐색하고, 이들과의 상호작용에 참여하도록 북돋운다(Göncü, Tuermer, Jain, & Johnson, 1999). 흥미에 바탕을 둔 놀이, 탐색, 참여를 묶어서 적극적인 참여(engagement)라고 한다(McWilliam & Ware, 1994). 아동이 일상 활동에 적

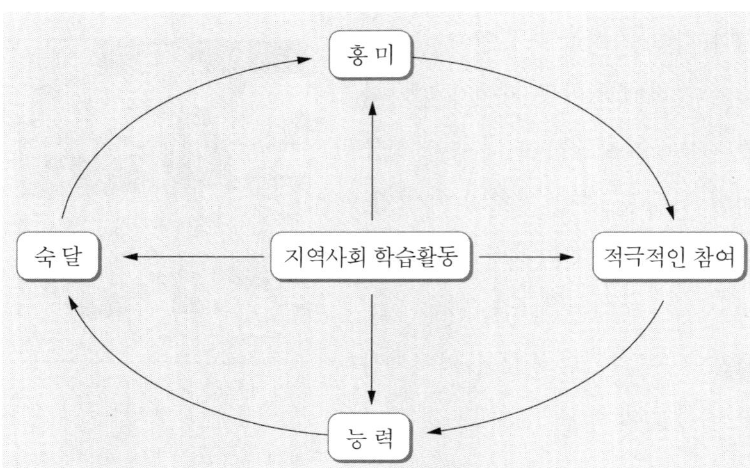

[그림 1] 아동의 흥미와 능력을 표현하는 맥락으로서의 지역사회 학습기회

극적으로 참여할 때 자신이 갖고 있는 능력을 실제로 연습해 보고 새로운 기술을 학습할 수도 있다(Farver, 1999). 이미 가지고 있는 능력 및 싹트는 능력 표현은 부모와 교사가 아동에게 어떻게 반응하느냐에 어느 정도 영향을 받는다(예: Field, 1978; Rogoff, Mistry, Göncü, & Mosier, 1993; Wolery & Sainato, 1996). 아동이 자신의 행동과 그에 따른 결과 사이의 관계를 이해함에 따라 숙달감(sense of mastery)이 강화된다(MacTurk & Morgan, 1995). 그다음에는 이 숙달감이 원래 가지고 있던 관심사는 물론 새로운 관심사를 촉진하여 [그림 1]과 같은 순환관계가 형성된다.

수지는 2세 6개월 유아로서 뇌성마비를 가지고 있으며, 특히 음악을 좋아한다. 집, 차 안, 쇼핑센터 등 어디서나 음악이 들려오면 수지는 앉은 자세나 선 자세로 어김없이 펄쩍펄쩍 뛰어오른다. 수지 어머니는 이를 춤춘다고 표현한다. 우리는 음악을 매우 좋아하는 수지를 위해 자신의 흥미를 표현하면서 능력(홀로서기, 노래하기, 춤추기, 걷기 등)을 키울 수 있는 지역사회 활동을 찾아보기로 하였다. 찾아낸 한 가지 활동은 바로 지역사회의 음악 · 무용 · 체조 프로그램이었다. 프로그램에서 수지는 다른 아동들이 하는 것은 무엇이든지 그 행동에 집중하였다. 음악에 맞추어 팔 동작을 하며 평균대 위를 걷는 것은 이들 활동 중의 하나였다. 수지는 처음에 평균대에서 걸을 때 강사의 두 손에 의지하여야만 했다. 수지가 점차 자신감을 갖게 됨에 따라 강사의 손을 놓고 다른 아이들처럼 음악에 맞추어 팔 동작을 만들기 시작하였다. 처음으로 평균대를 스스로 걸었을 때, 수지는 기쁨과 성취 등을 발산하였다(미소 짓고, 흥분하였으며, 비구어적으로

"내가 해 냈어."라고 표현하였다.).

아동의 흥미에 바탕을 둔 학습기회

아동의 흥미에 바탕을 둔 지역사회 내 학습기회에 적극적으로 참여하는 과정은 다음과 같은 세 단계로 이루어진다. ① 아동의 흥미를 파악한다. ② 이러한 흥미를 표현할 수 있는 기회를 제공하는 지역사회 활동을 파악한다. ③ [그림 1]과 같이 흐름을 촉진하는 학습기회에 아동을 참여시킨다. Dunst, Herter, Bennis(2001)는 아동의 관심사에 맞는 지역사회 중심의 학습활동 정보들을 수집하는 방법과 절차를 다음과 같이 설명하였다.

아동의 흥미 파악

다양한 유형의 절차를 이용하여 아동의 흥미를 파악할 수 있다(Chen et al., 1998; Krechevsky, 1998; Moss, 1997). LeeKeenan과 Nimmo(1993)는 아동 주도의 학습을 "아동의 흥미, 아동의 질문, 아동의 생각 등을 주의 깊게 관찰하는 것으로 시작하여, 이러한 생각들을 구체적인 학습경험으로 만들어 가는…… 다양한 활동을 할 수 있는 풍부한 가능성"(pp. 254-255)이라고 정의하였다. 아동의 흥미, 능력, 재능을 개별적 또는 집단적으로 관찰하는 절차는 아동이 좋아하는 것과 싫어하는 것을 파악하고 흥미를 불러일으키는 활동의 유형을 알 수 있는 도구이며, 이는 단순하지만 강력한 도구다.

Chen과 그의 동료들의 연구(1998)에 따르면, "아동이 자신이 아주 잘하는 영역을 발견하여 이를 즐겁게 탐색하고 이에 따라 자기만족을 느낄 때, 이러한 성공 경험이 바로 자신의 강점과 능력을 표현할 수 있는 자신감을 갖게 한다." (p. 63)

영유아와 좀 더 큰 아동을 대상으로 유용하게 사용되는 흥미 중심의 진단평가절차를 Moss(1997)가 소개하였는데, 아동 선호도 척도(Child Preference Indicators)는 다음과 같은 질문으로 이루어져 있다.

- 아동이 '좋아하는 것'을 파악하기 위한 선호도 척도
- 아동의 '감정'에 초점을 맞춘 정서 척도
- 아동의 '사회적 관계'를 파악하기 위한 사회화 척도
- 아동의 '선택'에 초점을 맞춘 자기결정 척도
- 신체 '리듬'을 파악하기 위한 신체 척도

〈표 1〉은 선호도 척도의 일부인데, 아동이 좋아하는 활동, 장소 및 시간대를 파악하기 위해 이용된다. 선호도 측정은 아동의 흥미가 무엇인지, 아동이 적극적으로 참여하는 것이 무엇인지, 그리고 자신의 흥미를 어떤 환경에서 잘 표현할 수 있는지 등을 파악하는 데 도움이 된다.

앞서 설명한 모델-시범 프로젝트에서는 아동의 흥미를 파악하기 위한 절차로서 간단하지만 효과적인 방법을 이용하였다. 〈표 2〉에 나열한 질문들을 이용하여 서로 다른 장소, 일과, 활동에서, 그리고 서로 다른 장난감, 자료, 사람과의 관계에서 아동의 감정(affect), 적

〈표 1〉 아동이 선호하는 장소, 물건, 사건을 파악하기 위한 질문들

선호도 척도 ✣ 좋아하는 것들 ✣			
아동이 아주 좋아하는 것들이 무엇인가? 어떻게 알 수 있는가? 그 이유를 아는가?			
바깥	음식	게임	장난감
실내	음악	냄새	촉감(매끄러운, 거친…)
친구	단어	소리	옷
구조화	혼자 있기	군중	읽어 주는 것
비구조화	노래 불러 주는 것	활동	어디에 가는 것
주간	율동	TV쇼	동물
야간	색깔	시각	
그 밖에 좋아하는 것들?________________			

출처: J. Moss(1997). *The child preference indicators*. Oklahoma City, OK: University Affiliated Program of Oklahoma. 허가를 받아 복사하였음.

극적인 참여(engagement), 끈기, 능력 등을 평가하였다. 질문들에 대한 응답으로 아동의 흥미와 강점을 효율적으로 찾아낼 수 있었다.

홍미평가의 결과는 아동의 능력, 장점, 선호도를 종합적으로 반영하는 프로파일이 된다. 이 평가 자체는 매우 비형식적이다. 영아가 똑바로 선 자세에서 아래 위로 펄쩍 뛰는 것을 아주 좋아한다는 것을 발견하는 것이 흥미에 기초한 관찰이다. 걸음마를 시작한 영아가 장식장, 소파, 의자 등에 올라가는 것을 좋아한다고 기록하는 것이 바로 흥미에 근거한 평가다. 본 저자들이 모델-시범 프로젝트(Umstead et al., 1995)를 수행한 경험에 따르면, 아동의 흥미를 가장 잘 인식하고

〈표 2〉 아동의 흥미와 강점을 파악하기 위한 질문들

- 무엇이 아동을 웃게 만드는가?
- 무엇이 아동을 행복하고 기분 좋게 만드는가?
- 어떤 것들이 아동을 흥분시키는가?
- 아동은 무엇을 하기를 좋아하는가?
- 아동이 특히 즐기고 재미있어 하는 것들이 무엇인가?
- 아동이 특히 열심히 하는 것이 무엇인가?
- 아동의 시선을 끌고 주의 집중하게 만드는 것이 무엇인가?
- 아동이 특히 잘하는 것이 무엇인가?
- 아동이 특히 잘하는 행동이 무엇인가?
- 무엇이 아동을 가장 잘 동기유발시키는가?
- 아동이 새로운 것을 시도하도록 만드는 것은 무엇인가?

발견하는 사람은 다름 아닌 부모였다. 또한 부모는 자녀가 흥미를 표현할 수 있는 활동에 참여하도록 효율적인 지원을 하였다.

지역사회 학습기회

아동의 흥미에 대하여 충분한 정보를 얻었다면, 다음 단계는 이러한 흥미를 표현할 기회를 제공하는 방법을 모색하는 것이다. 통합경험(Beckman et al., 1998)과 일상 속에서의 자연스러운 학습환경(Dunst & Bruder, 1999)을 제공하는 지역사회 중심의 학습기회는 이러한 경험의 주요 원천이 된다. 마찬가지로 이는 일상의 가족생활(Dunst & Hamby, 1999)과 유아 프로그램(Chen et al., 1998;

LeeKeenan & Nimmo, 1993)에서도 똑같이 적용된다.

아동이 흥미를 표현하고, 능력을 발휘하며, 새로운 기술을 습득할 수 있는 지역사회 중심의 학습기회를 찾아내는 절차는 아동의 흥미를 평가하는 것만큼 간단하다. 한 번에 흥미 한 가지씩을 택하여, 아동이 속한 직접적인 지역사회와 광범위한 지역사회에서의 학습기회 목록을 만든다. 이 과정을 부모와 협력하여 시행하는데, Dunst와 그의 동료들(2001)이 상세하게 설명한 절차를 이용하여 수집된 기본 자료들을 하나씩 점검하는 방식으로 이루어진다. 이러한 접근을 하는 이유는, 지역사회 내에 잠재적 학습기회가 도처에 있음을 우리가 직접 경험하였기 때문이며(Dunst, 2001), 암기력에만 의존한다면 모든 잠재적인 학습활동을 기억하는 것이 불가능하기 때문이다.

예를 들어, 한 아동의 흥미가 공을 던지고 차며 놀이하는 것이라 하자. 자료를 점검하면(동시에 이러한 흥미를 표현할 기회를 제공하는 활동과 장소를 생각하면서) 놀이터, 야구, 축구, 볼풀, 볼링, 캐치볼, 발야구 등과 같은 활동을 찾아낼 수 있다. 다른 예로, 아동이 이야기 듣기를 좋아하며 책을 큰 소리로 읽어 주는 것을 좋아한다고 하자. 잠재적 학습기회가 될 수 있는 활동과 장소는 도서관, 이야기 시간, 서점, 서점의 이야기 시간, 아동연극, 이야기 들려 주는 사람(storyteller), 연극수업 등이다. 아이디어들을 내어 놓는 것이 이 단계의 목적이며, 그 결과는 흥미 표현 기회를 제공할 수 있는 지역사회 활동의 목록이 된다.

지역사회 활동 참여

흥미에 바탕을 둔 지역사회 학습기회에 아동이 참여하는 것은 아동의 선호도와 강점에 가장 어울리는 활동들을 선택하여야 완성된다. 이 과정은 처음 예상보다는 좀 더 많은 경험을 필요로 할 수 있다. 경험을 통해 지혜가 쌓이면 성공적인 활동을 선정하는 데 도움이 될 것이다.

본 저자들의 연구에서 얻은 결과에 따르면, 0~6세 아동이 지역사회 활동에 참여하는 유형은 연령에 따라 다양하다(Dunst, Hamby, Trivette, Raab, & Bruder, 2000). 간단히 말하면, 영아의 지역사회 활동 참여는 항상 그러한 것은 아니지만, 종종 비형식적이고 비구조적인 편이다. 이러한 경우, 환경의 특성과 그 환경 내 사람들의 특성이 흥미 표현의 토대를 제공한다(예: 손과 신체 움직임, 다양한 억양으로 아동의 관심을 끌면서 이야기를 들려주는 사람이 있는 서점 방문). 반대로, 좀 더 큰 아동의 참여는 형식적이고 목표 지향적인 경향이 있다(예: 일주일에 2번 태권도 교실에 다님). 경험에 따르면, 생활연령과 발달연령이 어린 아동의 지역사회 학습활동 참여는 처음에는 비형식적이고 구조화되지 않을수록 성공할 확률이 높은 것으로 나타난다. 아동이 좀 더 능력이 생기고 자신감이 생길수록 학습기회는 더욱 구조적이 된다.

아동이 이전에 지역사회 활동에 참여한 경험 여부가 학습기회 선택 관점에서는 중요하다. 아동이 이전에 지역사회 중심의 학습기회에 거의 참여하지 않았다면, 부담이 적은 활동에 참여시켜야 성공할 가능성이 높다. 예를 들어, 공차기를 좋아하는 아동이 있다. 그런데 어떠한 형태이든 집단으로 학습하는 기회를 전혀 또는 거의 갖지 못한 아동이라면, 축구교실에 참여시키는 것보다 먼저 축구장에서 단지 공을 이리저리 차 보는 활동을 하는 것이 낫다. 이와 유사하게 물놀이를 좋아하는 아동이 있다면, 바로 수영교실에 등록하기보다는 지역사회 수영장에서 자유롭게 물놀이를 즐기도록 하는 것이 더 효과적일 수 있다.

아동이 재미있게 즐겁게 그리고 성공적으로 참여하려면, 활동의 자유도(degree of freedom) 또한 중요하다. 자유도가 낮은 활동은 아동이 특정한 행동을 하도록 요구하는 반면, 자유도가 높은 활동은 아동이 자신의 흥미를 표출할 수 있도록 많은 기회를 제공한다.

미술활동을 매우 좋아하는 3세 6개월된 여아가 여름 미술캠프에 등록하였다. 캠프에서의 첫 주 동안 미술강사는 색깔 혼합하기, 자유롭게 그림 그리기, 그림을 통해 자신을 표현하기 등의 활동을 아동이 하도록 하였다. 첫 주 동안 아동은 너무나 즐거운 시간을 보냈다. 둘째 주 새로 바뀐 미술강사는 아동으로 하여금 선을 따라 색칠하도록 강요하였다. 아동은 활동 내내 침울하였으며 전혀 즐거워하지 않았다.

우연적인(serendipitous) 학습기회의 가치와 중요성을 강조할 필요가 있다. 계획에 의해서가 아니라 우연적으로 여러 가지 흥미를 표현하게끔 만드는 장소, 위치, 사건 및 활등이 학습기회의 특히 중요한 원천이 된다. 예를 들어, 어린이 축제 자연관찰 산책로, 동네 산책로, 놀이터, 동물농장, 아동 동물원, 물고기가 있는 연못, 물고기 부화장, 새 사육장 등은 탐색하고 학습할 수 있는 여러 유형의 기회를 제공한다.

취학 전 자녀 두 명 중 한 명의 장애아동을 둔 부모가 최근의 경험을 이야기하였다. 이 이야기는 자연관찰 산책로에서 일어난 내용이며, 산책이 학습의 기초가 된 사례다. 꽃을 따고, 잎을 모으고, 냇물에 돌을 던지고, 새들에게 빵 부스러기를 주고, 나비를 쫓고, 지나치는 토끼에 대하여 말하는 이러한 것들이 바로 자연관찰 산책로를 걸으며 아이들이 실제로 한 행동의 일부다.

새로운 경험은 그것이 비록 아동의 흥미에 맞춘 것일지라도 가끔 예상치 못한 반응을 일으킨다(예: 다른 아동 옆에 있는 것을 좋아하는 아동인데 어떤 유형의 집단 활동에서는 수줍어함). 따라서 우리의 경험에 비추어, 너무 빨리 포기하지 않는 것이 좋다. 왜냐하면 끈기로 성과를 거두는 경우가 종종 있기 때문이다.

축구를 좋아하는 2세 자폐 아동을 축구캠프에 처음 데려갔을 때

아동은 얼어붙은 듯 움직이지 않았다. 그런데 어머니는 아들이 합류는 못할지라도 또래가 축구공 차는 것을 유심히 보고 있음을 알아차렸다. 어머니는 아들이 축구장에서 다른 아이들과 함께하는 것을 편안하게 느낄 때까지 여러 차례 오가기를 반복하였다. 축구가 점점 남자아이들의 선호 운동 중 하나가 되자, 아들은 자라면서 인기 선수가 되었다. 아들이 6세 생일을 맞을 즈음, 여러 팀의 코치들이 아들을 서로 데려 가려고 애썼다. 어머니는 몇 년 전 자신이 포기하지 않고 아들에게 계속 기회를 제공한 결정이 옳았다며 기뻐하였다. 또한 아들이 잘할 수 있는 것 때문에 누군가가 이렇게 많은 관심을 갖는 것은 정말 처음이라고 어머니는 말하였다.

요 약

여기서는 아동의 흥미를 파악하여 지역사회 중심의 학습활동에 참여하도록 촉진하는 토대로서 이용하는 전략들을 소개하였다. Dunst와 그의 동료들(2001)이 설명한 방법과 함께, 이 전략들은 아동이 이미 가지고 있는 능력뿐 아니라 싹트는 능력을 부모와 교사가 지원하고 강화시킬 수 있는 방법이다.

이 방법과 절차는 아동이 지역사회 삶에 완전히 참여하려면 할 수 없는 것보다 할 수 있는 것, 그리고 다른 점보다는 공통점에 초점을 맞추어야 한다고 피력한 Urschel(1998)의 주장과 다

르지 않다. 장애아동과 발달지체아동이 자신의 능력을 실현하고 지역사회 구성원들이 아동과 가족을 사회의 모든 측면에서 완전히 받아들이게 하기 위해서는 효과적인 전략이 필요하다. 지역사회 활동 안에서 흥미에 바탕을 둔 참여는 그러한 전략 중의 하나가 된다.

주

본 연구에 서술된 방법과 전략은 미국 교육부 특수교육국 연구보조금(HO24B60119, HO24B40020)의 지원을 일부 받은 것이다.

교신저자 Carl J. Dunst: dunst@puckett.org

주소: Orelena Hawks Puckett Institute, 18A Regent Park Blvd., Asheville, NC 28806.

참고문헌

Beckman, P., Barnwell, D., Horn, E., Hanson, M., Guitierrez, S., & Lieber, J. (1998). Communities, families and inclusion. *Early Childhood Research Quarterly, 13*, 125-150.

Bronfenbrenner, U. (1992). Ecological systems theory. In R. Vasta (Ed.), *Six theories of child development: Revised formulations and current issues* (pp. 187-248). Philadelphia: Jessica Kingsley.

Chen J. Q., Krechevsky, M., Viens, J., & Isberg, E. (1998). *Project Zero frameworks for early childhood education: Vol. 1 Building on children's strengths: The experience of Project Spectrum*. (H.

Gardner, D. H. Feldman, & M. Krechevsky, Series Ed.). New York: Teachers College Press.

Dunst, C. J. (2000). Everyday children's learning opportunities: Characteristics and consequences. *Children's Learning Opportunities Report*, Vol. 2, No. 1.

Dunst, C. J. (2001). Participation of young children with disabilities in community learning activities (pp. 307-336). In M. Guralnick (Ed.), *Early childhood inclusion: Focus on change*. Baltimore: Paul H. Brookes.

Dunst, C. J., & Bruder, M. B. (1999). Family and community activity settings, natural learning environments, and children's learning opportunities. *Children's Learning Opportunities Report*, Vol. 1, No. 2.

Dunst, C. J., Bruder, M. B., Trivette, C. M., Raab, M., & McLean, M. (1998, May). *Increasing children's learning opportunities through families and communities; early childhood research institute: Year 2 progress report*. Asheville, NC: Orelena Hawks Puckett Institute.

Dunst, C. J., & Hamby, D. (1999). Family life as sources of children's learning opportunities. *Children's Learning Opportunities Report*, Vol. 1, No. 3.

Dunst, C. J., Hamby, D., Trivette, C. M., Raab, M., & Bruder, M. B. (2000). *Young children's participation in everyday family and community activity*. Manuscript submitted for publication.

Dunst, C. J., Herter, S., Shields, H., & Bennis, L. (2001). Mapping community-based natural learning opportunities. *Young Exceptional Children*, *4* (4), 16-25.

Farver, J. A. M. (1999). Activity setting analysis: A model for examining the role of culture in development. In A. Göncü (Ed.), *Children's engagement in the world: Sociocultural perspectives* (pp. 99-127). Cambridge, England: Cambridge University Press.

Field, T. (1978). The three R's of infant-adult interactions: Rhythms, repertoires, and responsivity. *Journal of Pediatric Psychology, 3*, 131-136.

Fogel, A. (1997). Information, creativity, and culture. In C. Dent-Read & P. Zukow-Goldring (Eds.), *Evolving explanations of development: Ecological approaches to organism-environment systems* (pp. 413-443). Washington, DC: American Psychological Association.

Gauvain, M. (1999). Everyday opportunities for the development of planning skills: Sociocultural and family influences. In A. Göncü (Ed.), *Children's engagement in the world: Sociocultural perspectives* (pp. 173-201). Cambridge, England: Cambridge University Press.

Gelman, R., Massey, C. M., & McManus, M. (1991). Characterizing supporting environments for cognitive development: Lessons from children in a museum. In L. B Resnick & J. M. Levine (Eds.), *Perspectives on socially shared cognition* (pp. 226-256). Washington, DC: American Psychological Association.

Göncü, A., Tuermer, U., Jain, J., & Johnson, D. (1999). Children's play as cultural activity. In A. Göncü(Ed.), *Children's engagement in the world: Sociocultural perspectives* (pp. 148-170). Cambridge, England: Cambridge University Press.

Guberman, S. R. (1999). Supportive environments for cognitive development: Illustrations from children's mathematical activities outside of school. In A. Göncü (Ed.), *Children's engagement in the world: Sociocultural perspectives* (pp. 202-227). Cambridge, England: Cambridge University Press.

Krechevsky, M. (1998). *Project Zero frameworks for early childhood education: Vol. 3. Project Spectrum: Preschool assessment handbook.* (H. Gardner, D. H. Feldman, & M. Krechevsky, Series Ed.). New York: Teachers College Press.

LeeKeenan D., & Nimmo, J. (1993). Connections: Using the project approach with 2- and 3-year-olds in a university laboratory school. In C. Edwards, L. Gandini, & G. Forman (Eds.), *The hundred languages of children: The Reggio Emilia approach to early childhood education* (pp. 251-267). Norwood, NJ: Ablex.

MacTurk, R. H., & Morgan, G. A. (Eds.). (1995). *Advances in applied developmental psychology: Vol. 12. Mastery motivation: Origins, conceptualizations, and applications.* Norwood, NJ: Ablex.

Mandler, J. M. (2000). Perceptual and conceptual processes in infancy. *Journal of Cognition and Development, 1*, 3-36.

McWilliam, R. A., & Ware, W: B. (1994). The reliability of observations of young children's engagement: An application of generalizability theory. *Journal of Early Intervention, 18*, 34-47.

Moss, J. (1997). *The child preference indicators.* Unpublished paper, University Affiliated Program of Oklahoma, College of Medicine, University of Oklahoma Health Services Center, Oklahoma City. (Publication No. CA597. jm).

Nelson, K. (1999, Winter). Making sense: Language and thought in development. *Developmental Psychologist*, 1-10.

Rogoff, B., Mistry, J., Göncü, A., & Mosier, C. (1993). Guided participation in cultural activities by toddlers and caregivers. *Monographs of the Society for Research in Child Development, 58*(8, Serial No. 236).

Umstead, S., Boyd, K., & Dunst, C. J. (1995). Building community resources: Enabling inclusion in community programs and activities. *Exceptional Parent, 25*(7), 36-37.

Urschel, K. (1998). Connecting with communities: Kids need kids. In L. Meyer, H. Park, M. Grenot Scheyer, I. Schwartz, & B. Harry (Eds.), *Making friends: The influence of culture and development* (pp. 369-374). Baltimore: Paul H. Brookes.

Wolery, M., & Sainato, D. M. (1996). General curriculum and intervention strategies. In S. L. Odom & M. E. McLean (Eds.), *Early intervention/early childhood special education: Recommended practices* (pp. 125-158). Austin, TX: PRO-ED.

순회교사

통합 유아특수교육 서비스 전달 모형

Eva Horn, Ph.D., University of Kansas
Susan Sandall, Ph.D., University of Washington

팸은 수첩에서 오늘 해야 할 일을 간단히 확인하였다. 먼저 8시 30분에 힐스보로센터에 가서 민디(교사)의 보조교사와 만나 샘의 대소변 훈련이 어떻게 되어 가고 있는지 점검하고 샘의 언어 목표인 '명명하기(descriptive labeling)' 에 대한 자료를 수집하여야 한다. 그다음에 타운센터에 가서 케니의 대근육 운동 활동을 관찰하여 케니가 또래와 적절한 상호작용을 시작하고 유지할 수 있도록 지원하는 방법을 모색할 것이다. 케니의 담임교사에게 지난번에 약속한 또래와의 애정놀이 관련 자료 또한 챙겨 갈 것이다. 이어서 록랜드 헤드 스타트 프로그램으로 가서 물리치료사와 만날 것이다. 물리치료사와는 제니의 서 있는 자세를 지지하는 보조도구(pronestander)를 언제 어떻게 사용할지 계획을 세우고, 수지가 간식시간에 앉는 자세를 향상시킬 수 있는 계획을 함께 짤 것이다. 그다음에는 우드론 유치원으로 가서 유아의 낮잠시간을 활용한 회의에 참석하여 시급한 주제인 조이가 대집단활동 동안 주의집중할 수 있는 전략을 세우는

데 동참할 것이다. 팸은 지난 주에 기록한 동영상 자료 관련 메모를 확인한다. 혹시 유치원 교사가 동영상자료를 안 가져 올 경우를 대비하여 자신의 자료를 예비로 가져가는 것이 낫겠다는 판단을 한다. 마지막으로, 주안이 다음 주부터 등교할 기관에 주안, 주안의 어머니, 스페인어 통역자와 함께 오후에 방문할 때 필요한 오리엔테이션 자료들을 확인한다.

유아특수교육 제공 방식이 변하고 있다. 장애아동과 비장애아동의 통합이 학교 체제와 지역사회에서 점차 증가되고 있다(Wolery et al., 1993). 1991/92학년도부터 모든 주에서 3~5세의 장애아동에게 공교육을 반드시 제공하여야 한다고 명시한 공법 99-457에 의하여 많은 학교 체제에서는 연령에 적합한 유아교육환경을 찾아야 하는 압박감을 훨씬 더 많이 받게 되었다(Rose & Smith, 1994). 대부분의 공립학교 체제에서는 3~4세의 비장애아동에게 정규적으로 서비스를 제공하지 않으므로 유아들을 위한 적절한 환경을 갖추고 있지 않았다. 유아를 위한 서비스를 어느 정도 제공하는 기관들(예: 헤드 스타트, 저소득, 위험군 유아교육 프로그램)조차도 자신들의 프로그램과 특수교육 프로그램 사이에 분리된 행정체계와 서비스 기준을 가지고 있는 경우가 빈번하게 있었다. 사정이 이러하기 때문에 비장애아동을 유아특수교육 환경에 데려오기(역통합), 하루 중 일부 시간에 두 학급 아동들을 짝 지우기(친구학급), 한 학급 내에서 예산, 프로그램, 교사들을 혼합하기(팀 교수), 아동을 일반적인 유아환경에 배치하기(예: 지역사회 보육시설, 공립 유치원 프로그램), 방문교사를 이용하여 유아특수교육 서비스를 제공하기(유아특수교육 순회교수 모형) 등과 같은 전략이나 모형이 개발되었다. 서비스 전달 모형에 대해 좀 더 상세한 설명을 원하거나 서비스가 전달되는 조직적 배경에 대한 정보를 원한다면 Odom과 그의 동료들(1999)에 의한 보고서를 참조하기 바란다. 이 보고서는 미국 전역에서 16개의 통합 프로그램을 선정하여 이를 심층 분석한 연구다.

사례의 팸이 수행하는 순회교수 모형(itinerant teaching model)이 점차 확대되고 있다(Brown et al., 1996; Bruder, 1998; Bruder, 1993; Bruder, Sachs, & Deiner, 1990; Hanline, 1990; Templeman, Fredricks, & Udell, 1989). 문헌상으로는 많은 사례와 시범사례가 소개되고 있지만, 효과적으로 순회교수 모형을 실시하기 위한 구체적인 전략에 대한 정보는 그리 많지 않은 편이다. 다시 말하면, 일상에서 하루의 모습은 어떠한지, 아동의 적극적인 참여와 발달을 돕는 지원의 수준과 유형이 융통성 있게 제공되도록 순회 유아특수교육이 어떤 역할을 하는지, 또한 순회교육이 어떻게 진행되는지에 대한 정보가 적은 편이다. 이에 본 논문에서는 유아특수교육 순회교사의 역할과 책무의 주요 요소들을 설명하고, 이 모형을 성공적으로 실시할 수 있는 구체적인 전략을 설명하고 있다. 이 글에 실린 내용의 주된 출처는 유아특수교육 순회서비스를 실시하는 대도시 학교 두 곳이다. 지난 몇 년간 특수교육국(Office of Special Education Program) 시범프로젝트(Project BLEND)(Horn, Heiser, Odom, & Brown, 1998)에 이 두 학교가 참여하였으며, 유아기통합연구소(Early Childhood Research Institute on Inclusion(ECRII), 2000)의 연구에도 이 학교들이 참여하였다.

협력상담 순회교수의 정의

순회교수(itinerant teaching)에서는 유아특수교육 교사와 관련 서비스 구성원들(예: 물리치료사, 언어치료사, 시력교사)이 유아교육환경에서 정기적으로 서비스를 제공한다. 순회교사와 관련 서비스 구성원은 지정된 한 곳의 장소에서 서비스를 제공하는 것이 아니라 여러 환경을 방문한다. 개별적인 교육목표들을 교육과정 활동과 학급 일과 속에 체계적으로 삽입하기 위해 이들은 유아교육환경의 책임교사와 함께 협력한다. 이 모형은 다음과 같은 주요한 서비스 요소를 담고 있다. ① 같은 연령의 또래가 있는 일반 유치원이나 보육시설에 참여, ② 유아특수교육 순회교사가 정기적으로 방문하여 아동의 배치, 개별화교육계획 실행 및 점검 등을 지원, ③ 필요한 관련 서비스를 일반 환경에서 제공, ④ 일반 환경으로의 통학 수단 제공 등이다. 이 접근은 유아교사, 유아특수교사, 관련 서비스, 가족 간의 협력 방법 중 하나이며, 이의 목적은 개별화교육계획에 명시된 아동발달을 지원하며 동시에 일반 환경에의 완전 참여와 통합을 촉진하는 것이다.

유아특수교육 순회교사의 일차적인 역할은 보육시설 또는 유치원 교사들과의 협력상담(collaborative consultation)에 있다. 협력의 목적은 보육시설 또는 유치원 프로그램의 일상 활동에 아동 참여를 강화하는 데 있다. 협력상담의 기본 관점은 아동이 환경에서 적극적으로 참여하도록 촉진하는 가장 좋은 방법을 결정하는 데 있어서 유아교사와 유아특수교사가 동반자라는 사실을 이해하는 것이다. 아동의 개별화교육계획의 장기 목표는 팀 구성원들(예: 유아교사, 가족, 유아특수교육 순회교사, 관련 서비스 구성원들)의 적극적인 참여에 의해 개발된다. 이렇게 함으로써 개별화교육계획이 유치원 프로그램 속에서 최대한으로 실행되는 것이 보장된다.

협력상담을 실시하는 일차적 과정은 유치원 혹은 보육시설을 정기적으로 방문하는 것이다. 방문의 목적은 아동이 지닌 요구와 아동의 진보에 관해 정보를 공유하고, 아동의 적극적인 참여를 촉진할 수 있는 전략 및 가능한 활동에 대하여 논의하는 것이다. 프로그램 안에서 아동과 함께 참여하고 아동의 활동을 관찰한 후 순회교사와 유아교사는 학급의 일과와 활동 속에서 어떻게 하면 아동의 발달을 가장 잘 지원하고 증진시킬 수 있는지에 관하여 논의한다. 이때 순회교사는 아동의 발달을 촉진할 수 있는 추가적인 정보를 제공할 수 있는데, 예를 들면 아동이 학급에서 적극적으로 참여하도록 돕는 효과적인 절차를 시범 보이는 것이다.

순회교사의 역할과 의무

앞서 설명한 모형의 정의와 팸(유아특수교육 순회교사)의 하루 일과에 대한 사례는 팀 구성원들이 새로운 관계를 만들어 나가고 새로운 역할을 맡아야 하는 불가피성에 대해 설명하고 있다. 순회교사의 역할과 의무는 구성요소, 즉 다수의 협력자들과의 협력 그리고 상담 내용, 이 두 가지에 대한 구체적인 설명과 함께 더욱 명확해질 것이라 생각한다.

다수의 협력자들과 협력

순회교사가 접촉하고 함께 일하는 사람들과 빈번하게 의사소통하고 조정(coordination) 및 협동하는 것은 협력관계를 촉진하며 이 모형이 성공하는 데 필수적인 요인들이다. 순회교사, 교육 보조원, 관련 서비스 담당자, 유아교사와 보조교사, 가족구성원 그리고 기타 지원 인력(예: 수화 통역사) 등 아동과 연관 있는 사람들이 아동의 계획 팀(planning team) 구성원들이다. 그중에서 부모와 유아교사는 특히 중요한 팀 구성원이 된다. 이들은 아동에 대해서는 물론이고 아동 및 가족을 위한 개별화 장기 목표의 실행 가능성에 대해서도 매우 중요한 정보를 제공할 수 있다. 목표 달성을 위한 전략을 가장 빈번하게 사용하는 사람이 바로 유아교사이므로 유아교사는 현재 유치원 학급에 주어진 자원과 환경을 이용하여 특정 전략이 잘 사용될 수 있는지 여부를 결정하는 데 없어서는 안 될 인물이다. 유아특수교육 순회교사로서 효과적으로 일하기 위한 가장 중요한 열쇠는 바로 공식적 · 비공식적 의사소통과 조정(coordination)이다.

의사소통 유아특수교육 순회교사는 다양한 출처로부터의 정보를 능숙하게 주고받아야 한다. 사례에서 소개된 팸의 일과표에서 우리는 다양한 의사소통 협력자들(예: 교육 보조원, 유아교사, 물리치료사, 부모, 통역사)을 확인할 수 있다. 또한 팸이 하루 동안 정보를 주고받는 과정에서 여러 가지 양식을 사용하였음을 확인할 수 있다. 구체적으로 ① 구조화된 자료 수집(예: 샘이 명명하는 것), ② 반구조화된 자료 수집(예: 케니가 대집단 운동 시간에 사회적 시도를 하는 것),

③ 참고 자료(예: 애정 게임 활동에 관한 자료, 주안의 학급 비장애 또래를 위한 도서로서 다양한 능력을 지닌 사람들에 관한 아동용 책), ④ 면 대 면 상호작용 및 시범(예: 제니와 수지의 자세 교정을 위해 물리치료사와 팸이 협력하는 것), ⑤ 비디오테이프 시청과 집단 토의, ⑥ 즉각적인 정보 교환을 위한 동반 방문(예: 주안의 어머니, 통역자와 함께), ⑦ 제니의 언어치료사가 추천한 새로운 의사소통 도구에 관한 정보를 찾기 위해 인터넷을 검색하고 제니가 처한 특정 상황에 적용하기 위해 필요한 정보를 질문 형식으로 만들어 여러 사람에게 이메일로 보내기 등이다. 각각의 예들은 현재 시점에서 아동과 환경이 필요로 하는 것들에 맞춘 일반적인 전략을 제공한다.

팸과 같은 유아특수교육 순회교사는 그 밖에도 일련의 정기적이며 체계적인 의사소통 절차, 예를 들면 낮잠시간을 이용한 방문(naptime visits), 방문 기록지(visit notes), 의사소통 공책(communication notebooks)을 이용한다. 유아교사들이 많이 던지는 질문, 즉 언제 시간을 내어 계획하느냐에 대한 직접적인 대답이 바로 유아들의 낮잠시간을 이용한 방문이 되겠다. 이러한 방문은 정기적인 일정에 따라 한 달에 1~2회 아동이 낮잠을 자거나 쉬는 시간에 이루어지며, 이 시간은 유아교사가 협력 회의를 갖고 함께 계획하기에 좋은 시간이 될 수 있다. 사례에서 팸이 낮잠시간 방문 중 조이의 대집단 시간 행동을 다루었듯이, 이 회의의 주제는 대우 구체적이며 미리 자료를 수집하고 관련 정보들을 준비하여 회의 이전에 자료들을 배포하여야 한다. 시간이 제한되기 때문에 효율적으로 시간을 활용하여야 한다. 낮잠시간을 이용한 방문에서는 팀 구성원들의 질문, 염려 사항, 추가 정보 요구 등의 내용을 다룸으로써 서로 간의 의사소통을 촉진하는 귀한 시간이 되는 것으로 밝혀졌다. 덧붙여, 낮잠시간 회의에는 팀 구성원 모두가 초청되며, 때때로 어떤 주제에 대해 특정 구성원이 전문적 지식을 제공하는 시간이 되기도 한다.

보육시설 또는 유치원 낮잠시간 방문을 모두 마치면 순회교사는 방문 기록지를 작성한다. 이 기록지는 복사가 되는 이중 종이를 이용하여 하나는 교사가 갖고 다른 하나는 아동의 의사소통 공책에 끼워둔다. 방문 기록지에는 방문하여 일어난 전체적인 내용을 요약하고, 지난번 방문에서 제기된 질문이나 문제에 대한 응답을 기록하고, 아동의 진보에 대하여 기록한다. 아울러 순회교사와 유아교사가 해야 할 것들을 기록해 둔다. 이렇게 함으로써 다음 방문에 대비한 준비를 할 수 있다. 예를 들어, 팸이 지난 주 케니에 관해 기록한 것에 따르면, 팸이 다음 방문에 또래 애정 게임에 관한 자료를 찾아 지참할 것이 기록되어 있다. 의사소통 공책은 가족을 포함한 모든 팀 구성원이 관련 정보를 공유하기 위해 이용된다. 예를 들면, 락랜드 헤드 스타트 교사는 간식시간에 수지가 의자에서 미끄러져 나오는 문제가 있음을 인지하고 있었다. 팸은 격주 방문 중 첫 방문에서 수지의 문제를 기록하였다. 또한 제니에게 서 있는 자세를 지지하는 보조도구를 이용하면 좋겠다고 한 물리치료사의 제언이 기록되었다. 팸은 이 문제를 다루기 위해 모두가 기관에서 한 번 모일 필요성이 있음을 알렸다. 그래서 회의 일정을 잡고, 이를 의사소통 공책에 기록하였다. 제니의 어머니는 이를 읽고서 자신도 그 회의에 참석하여 보조도구가 어떻게 사용되는지 보기로 하였다. 이렇게 부모, 유치원 교사, 순회교사, 관련 서비스 제공자 모두가 의사소통 공책을 이용하여 빈번하고 명확하게 의사소통을 할 수 있다.

조 정 다시 한 번 팸의 일과표의 업무를 훑어보면, 순회교사의 성공에는 정보 교환의 조정이 결정적인 역할을 한다는 것을 알 수 있다. 한 관련 서비스 제공자가 이러한 비유를 하였다. "내가 볼 때 팸(순회교사)은 오케스트라의 지휘자이며 우리는 모두 반주자라고 생각해요. 유아교사가 주 멜로디를 이끌고 나머지는 정해진 바에 따라 필요하면 화성을 더 하는 것이라 여겨요."

아동에게 최상의 서비스를 제공하기 위해 성인들이 함께 일하려면 상호존중에 근거한 긍정적인 관계를 만들어 가는 것이 매우 중요하다. 장애아동은 여러 전문가와 아동의 삶에 중요한 성인들이 가지고 있는 전문 지식을 필요로 한다. 한 순회교사가 "우리 중 어느 누구도 이 상황을 마술처럼 만들 수 있는 능력을 가지고 있지는 않아요. 그러나 우리가 함께 한다면 그렇게 만들 수도 있지요."라고 말하였다.

상담의 주요 내용

순회교사는 장애가 있는 영유아의 통합을 지원하는 자원과 계획을 만들어 내고 조정하여야 한다. 다음은 아동이 통합환경에서 적극적으로 참여하고 발달할 수 있도록 지원하는 것과 관련된 정보를 순회교사가 주고받을 때 고려해야 할 내용들이다.

물리적 접근과 보완 순회교사는 관찰을 통해, 그리고 팀의 다른 구성원들과의 논의를 거쳐서 신체적으로나 감각적으로 어려움을 겪는 아동을 포함한 모든 아동이, 학급의 모든 영역과 자료에 접근

가능하도록 물리적 배치를 할 필요가 있다(Hanline, 1993). 예를 들어, 소근육 운동에 어려움이 있는 아동이 책을 한 장씩 넘기기 힘들어한다면, 각 페이지에 작은 크기의 스티로폼을 붙이면 페이지 사이가 쉽게 분리되므로 훨씬 쉬울 수 있다. 팸은 현재 수지가 간식탁자에서 좀 더 안정되게 앉을 수 있게 지지하는 보완책을 물리치료사와 함께 강구하고 있다. 물리치료사는 수지의 근긴장도를 줄이기 위해서는 엉덩이 부분을 구부려 의자 깊숙이 엉덩이를 밀어 넣는 것이 필요하다고 하였다. 그래서 팸과 치료사는 판지로 된 받침대를 수지의 발이 놓이는 곳에 만들어 두고, 의자 안쪽에 미끄럼 방지용 장식을 붙여서 이를 해결하였다. 어느 날 팸은 간식시간에 수지가 숟가락으로 푸딩을 뜨려고 하는데 그릇이 미끄러지는 것을 목격하였다. 그래서 팸은 그릇 밑에도 미끄럼 방지용 매트를 깔았다.

순회교사가 보완(accommodation) 방법을 쉽게 찾아내는 경우도 많이 있지만, 어떤 경우에는 다른 전문가의 도움이 필요하다. 제니의 경우가 그러한데, 물리치료사, 언어치료사 및 보조공학 전문가가 필요하다. 유사하게, 주안의 가족이 새 프로그램의 교육적 접근과 철학을 명확하게 이해하기 위해서는 이중언어 통역자가 필요하다.

사회적 통합을 위한 보완과 지원 성공적인 통합의 중요한 측면 중의 하나는 바로 장애가 있는 영유아의 사회적 통합이다(Odom & McEvoy, 1990). 그러나 장애아동과 비장애아동 사이에 사회적 상호작용은 자연 발생적으로 일어나지 않는 경우가 많다(Guralnick, 1990). 일반교사가 아동 간의 상호작용을 촉진하는 데 효과적인 전략을 학급에서 시행할 수 있도록 순회교사는 도움을 줄 수 있다

(Odom & Brown, 1993). 사회적 상호작용은 자유놀이처럼 덜 구조화된 활동 중에 더 많이 일어난다. 특정 장난감과 교구들, 예를 들어 옷과 액세서리로 치장하는 놀이, 소꿉놀이, 차와 트럭, 블록놀이 등은 사회적 상호작용을 이끌어 내는 데 도움이 된다. 교사 또한 아동을 관찰하여 사회적 상호작용을 하는 아동에게 피드백을 제공함으로써 상호작용을 지원할 수 있다.

장애아동이 긍정적인 사회적 상호작용을 할 가능성을 높이기 위해서 교사는 장애 때문에 사회적 발달에 문제를 보이는 아동과 사회적 기술이 높은 아동을 같은 집단에 배치할 수 있다. 순회교사는 장애아동이 사회적 상호작용을 시도하고 유지할 수 있도록 가르치는 구체적인 전략을 일반교사에게 제공할 수 있다. 케니의 교사인 팸과 제인은 이것이 바로 케니에게 중요한 과제라고 결정하였으며, 현재 중재계획을 개발하고 실시하는 과정에 있다. 중재계획의 첫 번째 단계는 체육시간의 자유놀이 중 진행되는 집단게임에 들어가는 방법을 교사가 언어로 안내하고 모델을 제시하는 것이다. 또한 교사가 옆에 있으면서 케니가 요구하는 것을 또래들이 알아들을 수 있도록 도움을 제공하고, 활동에서 케니의 자리를 마련해 줄 것이다. 제인은 자신이 케니에게 사용한 전략이 성공적이었는지에 대해 주말마다 팸에게 이메일로 알릴 것이다.

능동적인 활동 참여를 위한 보완과 지원 아동이 학습하고 발달하기 위해서는 자료와 활동에 능동적으로 참여하는 것이 매우 중요하다(Dunst, McWilliams, & Holbert, 1986). 발달에 적합한 실제(developmentally appropriate practice) 지침에 맞추어, 유아기 교육과정은 기술 숙달(skill mastery)과 자립성 촉진을 위한 놀이, 발견, 문제해결을 강조하여야 한다. 가끔 장애아동은 능동적인 활동 참여를 유지하기 위해 추가적인 지원을 필요로 한다(Lieber, Schwartz, Sandall, Horn, & Wolery, 1999). 아동의 주의력이 산만해지는 정황을 파악하는 데 있어서 순회교사가 유아교사에게 도움을 제공할 수 있다. 그리고 두 사람은 아동의 주의집중 시간을 늘리고 능동적인 참여를 증가시키는 전략을 함께 만들 수 있다. 우드론 유치원의 교사들과 팸은 조이의 대집단 시간 행동을 녹화한 테이프를 보면서 조이의 활동적인 참여를 지원하기 위한 계획을 세울 예정이다.

아동의 장기 · 단기 목표 확인 및 실시 유아특수교육에서는 장애가 아동의 발달에 미치는 영향을 예방하거나 감소시키는 중재의 중요성을 강조한다(Carta, Schwartz, Atwater, & McConnell, 1991). 일련의 서비스와 개별화교수계획을 제공하는 데 강조점을 둔다. 순회교사는 아동의 구체적인 장기 · 단기 목표들이 학급의 각 활동에 어떻게 포함될 수 있는지를 확인하여야 한다. 예를 들어, 간식시간과 같은 학급의 일상 활동은 스스로 먹기(적응행동), 작은 크기의 음식 집기(소근육 운동), 간식을 더 달라고 요청하기(언어) 등을 연습할 수 있는 기회가 된다. 관련 서비스의 장기 · 단기 목표가 학급활동 안에서 실현 가능하고 의미 있는 방법이 되도록 지원하는 것 또한 필수적이다. 팸과 헤드 스타트 교사는 제니가 팔과 다리를 원활하게 사용할 수 있게 돕는 보조도구에 앉히기 좋은 시간과 상황을 결정하기 위해 서로 의논할 것이다. 주안을 위해서는 어머니, 통역자와 함께 옮겨 갈 기관을 방문하여 순조롭게 전이가 이루어지도록 하고 새로운 환경에서 주안의 개별화 장기·단기 목표를 어떻게 적용할 것인지를 첫 계획으로 잡고 이를 의논할 것이다.

지원의 변화를 위한 점검과 수정 개별화 장기·단기 목표에 대한 아동의 진보를 체계적이며 정기적으로 평가하는 것이 유아특수교육의 핵심적 요소다(Carta et al., 1991). 이러한 평가는 아동의 성장과 발달에 대해 의사소통할 수 있는 직접적이고 명확한 방법이 될 뿐 아니라 아동의 학습을 최대화하기 위해 중재전략을 수정할 필요가 있음을 적시에 결정하는 데 큰 도움이 된다. 샘의 명명하는 행동에 대해 팸이 자료 수집하는 목적은 두 가지다. 첫째는 샘이 언어를 연습할 수 있는 충분한 기회가 주어지는가를 확인하는 것이고, 둘째는 샘의 개별화교육계획의 일부로서 진보를 보고할 때 주요 정보로 활용하는 것이다.

결 론

이 글의 서두에서 소개한 팸의 일과표를 읽음으로써 유아특수교육 순회교사의 일상에서의 역할과 책무의 범위에 대해 어렴풋하게 파악할 수 있다. 궁극적으로 순회교사의 역할을 성공적으로 수행하기 위해서는 다양성을 받아들이고, 모든 아동이 또래와 함께 교육받을 수 있는 권리를 수용하며, 아동의 권익을 위해 다른 사람들과 협력할 의지를 가지고, 혁신적이면서 융통성 있는 능력을 갖추는 것이다. 한 순회교사가 자신이 하는 일에 대하여 이렇게 말하였다. "나는 모든 것을 조금씩 다 합니다. ……나는 교사이면서, 한 번에 두 가지 일도 하고, 때로 우유배달도 합니다. ……내가 방문하는 기관마다 특징이 다르므로 각 기관과 일하는 나만의 방식을 찾을 뿐입니다."

주

본 연구는 미국 교육부의 장애아동 조기교육 프로그램 연구보조금(즉, 모델시범 프로젝트-No. H024B10108과 통합에 관한 유아기 연구기관-No. H023A30035)의 지원으로 수행되었다.

교신저자 Eva M. Horn: evahorn@ukans.edu

주소: Dept. of Special Education, 521 JR Pearson, University of Kansas, Lawrence, KS 60045.

참고문헌

Brown, W. H., Horn, E. M., Heiser, J. G., & Odom, S. L. (1996). Project BLEND: An inclusive model of early intervention services. *Journal of Early Intervention, 20*(4), 364-375.

Bruder, M. B. (1993). The provision of early intervention and early childhood special education within community early childhood programs: Characteristics of effective service delivery. *Topics in*

Early Childhood Special Education, 13(1), 19-37.

Bruder, M. B. (1998). A collaborative model to increase the capacity of childcare providers to include young children with disabilities. *Journal of Early Intervention, 21*(2), 177-186.

Bruder, M. B., Sachs, S., & Deiner, P. (1990). Models of integration through early intervention/childcare collaboration. *Zero to Three, 10*(3), 14-17.

Carta, J., Schwartz, I., Atwater, J., & McConnell, S. (1991). Developmentally appropriate practice: Appraising its usefulness for young children with disabilities. *Topics in Early Childhood Special Education, 11*(1), 1-20.

Dunst, C. J., McWilliams, R. A., & Holbert, K. (1986). Assessment of preschool classroom environments. *Diagnostique, 11*, 212-232.

ECRII(Early Childhood Research Institute on Inclusion) Researchers (2000). *ECRII final report*. Washington, DC: Research Institute Funded by U.S. Department of Education.

Guralnick, M. (1990). Social competence and early intervention. *Journal of Early Intervention, 14*, 3-14.

Hanline, M. (1990). Project profiles: A consulting model for providing integration opportunities for preschool children with disabilities. *Journal of Early Intervention, 14*(4), 360-366.

Hanline, M. F. (1993). Inclusion of preschoolers with profound disabilities: An analysis of children's interactions. *Journal of the Association for Persons with Severe Handicaps, 18*(1), 28-35.

Horn, E. M., Heiser, J. G., Odom, S. L. & Brown, W. H. (1998). *Project BLEND(Beginning Learning Experiences in Developmentally Inclusive Childcare and at Home): Final report*. Washington, DC:

Model Demonstration Project Funded by U.S. Department of Education.

Lieber, J., Schwartz, I., Sandall, S., Horn, E., & Wolery, R. (1999). Curricular considerations for young children in inclusive settings. In C. Seifert (Ed.), *The early childhood curriculum: Current findings in theory and practice* (pp. 243-264). New York: Teachers College Press.

Odom, S., & Brown, W. (1993). Social interaction skills intervention for young children with disabilities in integrated settings. In C. A. Peck, S. L. Odom, & D. O. Bricker (Eds.), *Integrating young children with disabilities into community programs* (pp. 39-64). Baltimore: Paul H. Brookes.

Odom, S., Horn, E., Marquart,]., Hanson, M., Wolfberg, P., Beckman, N, Lieber, J., Li, S., Schwartz, I., Janko, S., & Sandall, S. (1999). On the forms of inclusion: Organizational context and individualized service models. *Journal of Early Intervention, 22*(3), 185-199.

Odom, S., & McEvoy, M. (1990). Mainstreaming at the preschool level: Potential barriers and tasks for the field. *Topics in Early Childhood Special Education, 10*(2), 48-61.

Rose, D., & Smith, B. (1994). Providing public education services to preschoolers with disabilities in community programs: Who's responsible for what? *Young Children, 49*(6), 64-68.

Templeman, T. E, Fredricks, H. D., & Udell, T. (1989). Integration of children with moderate and severe handicaps into day care centers. *Journal of Early Intervention, 12*(4), 315-328.

Wolery, M., Holcombe, A., Venn, M.L., Brookfield, J., Huffman, K.,

Schroeder, C., Martin, C. G., & Fleming, L. A. (1993). Mainstreaming in early childhood programs: Current status and relevant issues. *Young Children, 49*(1), 78-84.

유치원의 또래

통합 프로그램에서 비장애아동의 경험

Karen E. Diamond, Ph.D., Purdue University
Susan Stacey, B.A., Purdue University

통계국 자료에 따르면, 3~4세 아동 400만 명 이상이 유치원(preschool) 프로그램에 다니는 것으로 나타났다(U.S. Census Bureau, 1998). 유치원 프로그램에서 장애아동을 최소 1명이라도 받는 곳의 비율은 보육 프로그램(child care program)의 34%부터(Buysse, Wesley, Bryant, & Gardner, 1999) 유아기 프로그램(early childhood program)의 74%로 추정된다(Wolery et al., 1993). 좀 더 신중하게 추정하더라도, 150만 명 이상의 유아들이 장애아동이 1명 또는 그 이상 있는 기관에 다니는 셈이 된다.

통합 프로그램에서의 비장애아동의 경험에 관심을 갖는 것은 왜 중요한가? 통합이란 아동과 성인이 교육, 지역사회 활동 및 직업에 완전히 참여하는 것이 장기 목표인 생애에 걸친 과정이다(Kliewer, 1999). 유치원을 마치고 20년 후 비장애아동(그때는 성인)은 장애를 가지고 있는 성인을 포함하는 지역사회의 구성원이 될 것이다. 타인을 향한 태도는 유아기에 학습되며, 바로 그 시기에 태도발달이 시작된다는 사실을 입증하는 자료는 충분히 많다(Ramsey & Myers, 1990). 만약 통합 프로그램에서의 경험이 긍정적이라면, 장애인에 대한 긍정적인 태도를 갖는 데 도움이 될 것이다. 이와 유사하게 통합환경에서 부정적인 경험을 한다면, 나중에 장애인에 대해 좀 더 완고한 편견을 가질 가능성이 있다(Stoneman, 1993). 장애인에 대한 부정적인 태도는 학교, 일, 지역사회에의 충분한 참여 기회를 제한하는 물리적 · 건축구조적 장애와 마찬가지의 작용을 한다. 비장애아동의 이전 경험이 장애가 있는 또래에 대한 현재 반응에 영향을 미치는 것으로 보인다. 이 논문에서는 장애인에 대한 아동의 사고 발달에 대한 연구 내용들을 살펴볼 것이다. 여기서 제시한 예들은 퍼듀대학교 내 아동발달 실험학교에서 관찰한 내용이다. 이 실험학교에서는 3~5세 아동을 위한 통합 프로그램을 운영하고 있다.

그레그와 브리타니는 4세의 비장애아동이다. 같은 학급의 타라는 운동기술과 언어기술이 상당히 지체된 아동이다. 그레그는 타라의 휠체어에 높은 관심을 보인다. 그레그는 종종 타라 옆에 서 있고 타라가 학급활동에 참여하도록 교사가 돕는 것을 매우 주의 깊게 관찰한다. 반면에 브리타니는 타라의 장애에 대해 전혀 특별하게 보지 않는다. 브리타니의 오빠가 중증 중복장애를 갖고 있기 때문에 걷지 못하거나 말하지 못하는 아동들 옆에 있는 것에 매우 익숙하다. 브리타니는 타라가 활동에 참여할 수 있도록 가끔 도움을 제공한다.

장애에 대한 아동의 이해

장애아동과 한 학급에서 지내는 경험은 비장애아동에게 어떠할까? 연구에 따르면, 유아기 아동은 장애인과의 경험에 상관없이 신체적, 감각적 장애에 대해 많이 알고 있는 것으로 나타나는데, 특히 그 사람이 보조도구(adaptive equipment)를 사용하는 경우 더욱 그러하다. 예를 들어 우리의 관찰에 따르면, 대부분의 3~4세 아동은 휠체어를 이용하는 사람이나 시각장애인은 걷는 데 어려움을 겪으며 보청기를 끼는 사람은 듣는 것에 어려움이 있다고 알고 있었다. 장애아동과 한 번도 같은 학급에 있은 적이 없는 아동조차도 이렇게 생각하고 있었다. 자신이 눈으로 직접 볼 수 있는 기구를 사용하면 장애를 훨씬 쉽게 이해하는 것처럼 보인다(Diamond, Hestenes, Carpenter, & Innes, 1997). 보조도구는 또한 아동을 혼동시키는 면이 있다. 우리가 5세 아동과 이야기 나누는 중에 아동에게 농(deaf)에 대해 물었다. 그 아동은 "농은 귀에 무엇인가(보청기)를 끼고 있기 때문에 들을 수 없지만, 그것을 벗으면 들을 수 있어요."라고 답하였다(Diamond & Hestenes, 1994). 특별한 요구를 가지고 있는 급우와 함께함으로써 비장애아동은 급우 각자가 가지고 있는 능력을 올바르게 인식하는 것을 배울 수 있다.

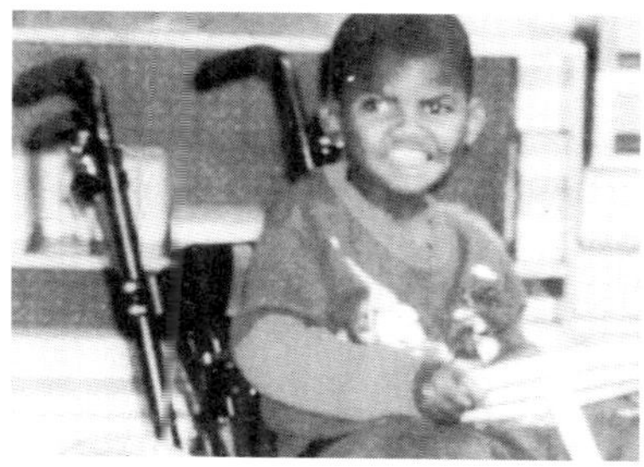

몇 개월간 한 학급에서 지내면서 아이들은 다음과 같은 사실을 알게 된다. 타라는 유머감각이 많고 친구들을 잘 놀린다(tease). 로빈은 무엇이든 읽을 수 있다(그래서 아이들이 읽다가 막히면 로빈을 가끔 쳐다본다.). 교실에서 신발과 양말을 잃어버렸을 때 그것을 찾는데 브라이언이 제일 큰 도움이 된다는 것을 안다.

정신지체와 정서장애는 아동이 가장 이해하기 힘든 장애다. 유아기 아동에게 다운증후군을 가진 아동의 사진을 보여 주었을 때 다운증후군의 독특한 얼굴 특성을 전혀 알아채지 못하는 것처럼 보였다 (Diamond & Hestenes, 1996; Innes & Diamond, 1999). 이는 좀 더 높은 연령의 아동들과 비교하여 매우 다른 결과였다. 좀 더 연령이 높은 아동들은 지체된 사람(retarded) 또는 지체되지 않은 사람(not retarded)을 구분하기 위해 얼굴 특성에 의존하는 경향을 보였다 (Goodman, 1989). 따라서 유아기 아동은 급우가 가진 장애에 대해 처음에는 인식하지 못할 수 있다. 특히 그 급우가 특별한 기구를 사용하지 않는다면 더욱 그러할 수 있다. 연구에 따르면, 정신지체나 정서장애처럼 사고의 어려움과 연관된 장애가 있을 수 있다는 것조차 유아는 전혀 인식하지 못하는 것으로 보고되었다(Conant & Budoff, 1983; Diamond & Hestenes, 1996).

통합 프로그램에 참여하는 아동은 아무리 유아일지라도 장애에 대해 더욱 깊이 이해하게 된다. 예를 들어, 우리는 학급에서 청각장애아동과 함께 지낸 경험이 있는 유아가 그렇지 않은 유아에 비해 수화를 훨씬 더 잘 이해하고 듣기와 말하기 간의 관련성에 대한 이해도

높다는 사실을 발견할 수 있었다. 그 밖에 뇌성마비처럼 성인이 되어서도 그 장애를 여전히 갖게 될 가능성이 높은, 평생 지속되는 장애에 대해서도 통합경험이 있는 아동이 훨씬 더 잘 이해하였다.

실험학교에서 아동은 치료사나 보조원들(paraprofessionals)을 매우 주의 깊게 관찰한다. 보조기를 사용하여 걷는 타라를 돕기 위해 치료사가 학교에 온다는 사실을 그들은 알고 있으며, 로빈이 새로운 방법으로 말하는 것을 보조원이 가르친다는 사실 또한 알고 있다. 어느 날, 로빈이 물놀이 영역에서 원하는 것을 얻기 위해 특정한 문장("파란색 물고기 주세요.")을 사용하도록 보조원이 가르치는 것을 정민이 목격하였다. 정민이 갖고 있는 물고기를 로빈이 잡으려고 하자, 정민은 물고기를 약간 멀리 잡으면서 로빈이 특정한 문장을 사용하도록 기다렸다. 그러자 로빈이 실제로 그 말을 하였다. 정민은 로빈에게 물고기를 건네주었고, 기쁨으로 얼굴이 환해졌다. ……로빈이 무언가 적절한 것을 배웠다는 것을 정민은 깨달았으며, 거기에 자신도 기여하였다고 느끼는 것 같았다.

유아는 이제 막 이해하기 시작한 무언가(아동이 지닌 장애)를 설명할 때는 자신이 이미 가지고 있는 지식(예: 사고 때문에 다칠 수 있다거나 아기들은 말을 못한다)을 이용한다. 또래가 사용하는 보행 보조기나 휠체어를 보고서 또래가 사고로 다리를 다쳤다고 여기거나, 또래가 말하는 데 어려움을 겪으면 아기라서 말을 못하는 것이며 자라면 자신처럼 똑같이 말을 할 것이라고 설명한다. 또한 유아는 한두 가지 주요 특징(사용하는 기구나 아주 지체된 기술)에 비추어 장애 여부를 판단하기도 한다. 장애아동이 자신과 얼마나 유사한지 혹은 다른지를 판단할 때 이러한 인식을 이용하기도 한다.

아동의 타인 수용

아동은 통합 유치원에서의 경험을 통해 무엇을 학습하는가? 부모의 관찰에 따르면, 통합 프로그램 등록 이후 아동은 개인의 차이점을 더 많이 수용하게 되고, 타인의 요구에 대해 더 많이 인지하게 되며, 장애인에 대한 불편한 감정을 덜 보이고 편견을 덜 가지며, 다른 아동에 대해 좀 더 반응적이며 도움을 주려고 하는 것으로 보고되었다(Peck, Carlson, & Helmstetter, 1992). 교실에서 장애아동을 포함하는 가상적인 위기 상황을 연속적으로 제시하고 아동에게 어떻게 문제를 해결하겠냐고 물었을 때, 통합학급 아동은 일반학급 아동에 비해 자신이 어떻게 도움을 제공할지에 대한 아이디어가 훨씬 더 많았으며, 아동의 장애에 대해 훨씬 더 많이 언급하는 경향이 있었다(Diamond & Carpenter, 2000). 1년 중 2학기에 아동 간의 상호작용을 관찰해 보면 이러한 특징이 확연하게 드러났다.

> 아동들은 타라가 사용하는 보조기구에 더 이상 많은 관심을 두지 않았으며, 자연스럽게 타라를 대신하여 보조기를 갖다 주기도 하고, 타라가 다른 의자에 옮겨 앉을 수 있도록 함께 가서 돕기도 하였다. 며칠 전 그레그는 타라가 (플라스틱) 공구를 가지고 노는 것을 좋아

하며 무언가를 고치기를 좋아한다고 말하였다. 그러더니 그레그는 스크루 드라이버를 들고 와서 타라의 휠체어 고치는 놀이를 하였다.

물리치료사가 타라와 스트레칭을 하는 동안 브리타니가 바닥에 누워 운동을 하기 시작하였다. 브리타니가 시작하자 다른 아동들도 동참하였다. 타라가 스트레칭하는 것을 좋아하지 않는다는 것을 눈치 챈 다른 아동은 가끔 책을 가져오거나 카세트를 가져와 타라가 책을 보거나 음악을 들으며 스트레칭을 좀 더 편안하게 하도록 배려하였다.

아동의 상호작용

장애아동이 비장애 또래에 비해 상호적인 놀이 활동에 덜 참여한다는 사실은 많은 연구에서 일관되게 발견된다. 장애아동과 비장애 또래 간의 사회적 분리의 정도는 장애의 정도에 따라 차이가 있는 것으로 보이지만, 가벼운 지체를 보이는 아동조차도 놀이친구로서는 비장애 또래보다 덜 수용되는 경향이 있다(Guralnick, Connor, Hammond, Gottman, & Kinnish, 1996). Brown과 그의 동료들이 실시한 관찰연구에 따르면, 비장애아동은 장애를 지닌 또래보다 비장애 또래를 향한 상호작용을 현저하게 더 많이 하는 것으로 밝혀졌다(Brown, Odom, Li, & Zercher,

1999). 그럼에도 불구하고, 두 연구에서 장애아동은 비장애 또래와 자주 상호작용을 하는 것으로 나타났다.

만약 '함께 논다(playing together)'는 개념이 좀 더 복잡한 사회적 상호작용에 덧붙여 '평행놀이(parallel play)'까지 포함한다면, 장애아동이 비장애 또래와의 활동에 포함되는 경우가 더러 있음을 여러 연구에서 보고하였다. 비장애아동이 또래와의 활동에 참여하는 만큼 장애아동도 마찬가지로 비장애 또래와의 활동에 참여한다고 Okagaki와 그의 동료들은 보고하였다(Otagaki, Diamond, Kontos, & Hestenes, 1998). 이러한 결과는 Brown과 그의 동료들(1999)의 연구결과와 유사하다. 이들의 연구에 의하면, 장애아동들은 관찰 구간의 73% 동안 적어도 한 명의 비장애 또래가 있는 사회적 집단에 참여하는 것으로 보고되었다. 요약하자면, 비록 사회적 참여수준이 비장애아동보다는 낮지만 장애아동이 유치원의 일상적인 학급 활동에 참여한다는 사실을 이러한 결과들로부터 알 수 있다.

아동들은 자신이 협동놀이를 할 수 있더라도 로빈의 옆에서 놀이를 한다. 로빈은 협동놀이를 할 수 없다는 것을 아동들이 알고 있는 듯하다. 예를 들어, 로빈은 구슬놀이를 매우 좋아한다. 어느 날, 사라가 로빈에게 말을 걸거나 묻거나 하지 않고 그냥 조용히 접근하였다. 그리고 구슬을 하나 집어 들더니 그것을 로빈에게 굴렸다. 그다음에는 로빈을 쳐다보며 로빈이 다시 굴리기를 기다렸다. 이러한 방법으로 두 아동은 서로 교대로 놀이를 하게 되었다. 이렇게 교대로 무엇인가를 하면서 로빈은 새로운 기술을 습득하였다.

모델로서의 교사와 부모

아동이 장애인에 대해 갖는 생각과 태도에 교사의 행동이 어떤 영향을 미치는지에 대해 우리가 아는 바는 많지 않다. 그런데 장애 여부에 따라 집단이 나누어지면, 아동은 장애를 지닌 또래를 자신과 다른 사람으로 여기는 것으로 나타난다(예: Bigler, Jones, & Lobliner, 1997). 예를 들어, Schnorr(1990)는 초등학교 1학년의 비장애아동들이 학급에 매일 일정한 시간이 통합되는 다운증후군을 지닌 피터에 대해 어떠한 인식을 갖고 있는지 조사하였다. 조사결과에 따르면, 교사와 부모는 이러한 부분적 통합이 매우 성공적이라고 여기는 반면, 아동들은 피터가 자신들과 다르다고 생각하는 것으로 나타났다. 아동들은 다르다고 생각하게 하는 요소들을 다음과 같이 표현하였다. 특별한 서비스를 받기 위하여 교실을 떠난다, 다른 과제를 한다, 그리고 다른 버스를 탄다 등이다. 좀 더 최근 연구로서 Janko와 그의 동료 들 (Janko, Schwartz, Sandall, Anderson, & Cottam, 1997)은 통합 유치원 프로그램에서 장애유아를 또래로부터 분리하는 실례들을 파악하였다. 비장애아동은 가족이 통학을 시키는 것과 달리, 장애아동은 교육청에서 제공하는 통학버스를 이용하였다(많은

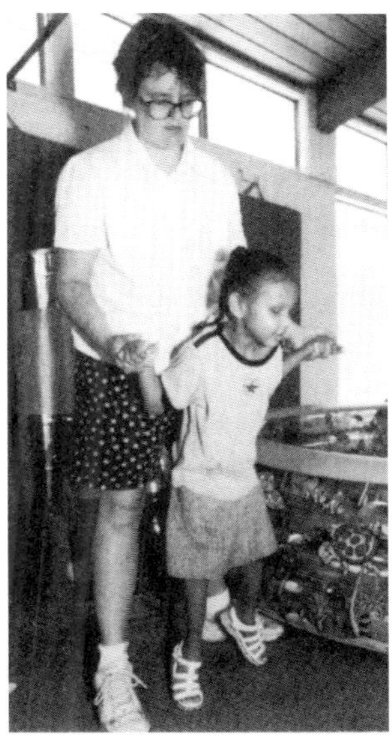

프로그램에서 이와 같이 하고 있다.). 비장애아동들은 이를 두고 "'승용차 아이들'과 '버스 아이들'의 차이"(p. 293)에 의문을 표하였다. 또한 '버스 아이들'이 버스를 타는 것 말고도 정오 무렵 집으로 돌아가는 자신들과 달리 점심을 학교에서 먹는 것에 대해서도 의문을 표시하였다. 이 아동들에게는 버스를 타느냐 안 타느냐가 장애가 있는 아동(버스 아이)과 장애가 없는 아동(승용차 아이)을 구분하는 중요한 특성이었다. 반대로, 어떤 보육 프로그램에서는 모든 아동이 각자 자신의 지정 의자를 갖고 있으며, 다운증후군 아동도 자신의 의자를 갖고 있는데, 이 의자는 물리치료사가 약간 보완한 의자였다. 이렇게 함으로써, 교사는 의자가 반드시 필요한 아동의 요구를 충족시킬 뿐 아니라 학급의 다른 아이들과도 다르다는 느낌을 갖지 않도록 배려하였다. 이와 유사하게, 치료를 위해 아동을 교실에서 분리시키는 것보다 아동이 교실에 그대로 있으면서 치료를 통합시킴으로써 또래에게 장애아동이 학급의 중요한 구성원이라는 사실을 심어 줄 수 있다(Diamond & Cooper, 2000; McWilliam, 1996). 모든 아동이 함께 수업하고 놀이를 할 수 있는 기회를 교실경험이 더 많이 촉진하고 장애아동이 자신과 다른 집단 밖의 아동으로 보이는 기회를 줄인다면, 바로 이러한 경험을 통해 비장애아동은 장애를 지닌 또래를 향한 긍정적인 태도를 키울 수 있을 것이다. 로빈의 교사가 다음과 같이 언급한 것에서 우리는 그 증거를 분명히 알 수 있다.

때때로 특정한 기술에 초점을 맞출 필요가 있다. 예를 들면, 로빈은 학급 아동들 중 유일하게 글자를 읽을 수 있는 아이이다. 대집단 시간에 아동들이 자신의 이름과 또래의 이름을 읽는 것을 학습할 때, 어떤 아동이 잘 모르면 이때 "어쩜 로빈이 알 수도 있지 않을까?"라고 이야기해 본다. 대부분의 경우 로빈은 그 아동을 대신하여 이름을 읽는다. 이렇게 로빈이 할 수 있는 것들을 우리가 더 많이 발견할 수 있다면 아동들은 로빈이 많은 것들을 이해할 수 있는 아이라는 사실을 인지하리라고 생각한다.

아동이 장애아동을 이해하는 데는 장애아동을 기르는 부모 또한 중요한 역할을 한다(Turnbull, Pereira, & Blue-Banning, 1999). 우리 통합 프로그램의 부모들이 사용한 전략을 소개하자면, 이들은 다른 부모들에게 자녀의 장애에 관한 구체적인 정보를 제공하였다. 이는 여러 가지 목적을 지닌다. 즉, 장애아동의 부모가 다른 부모와 함께 자녀에 대해 이야기를 나누는 기회를 제공한다. 아동의 장애에 대해 다른 부모들이 묻지 못하던 것들에 대해서도 정확한 정보를 제공한다. 그리고 비장애아동이 부모에게 질문하였을 때 정확하게 답변해 줄 수 있는 정보를 비장애아동 부모에게 제공한다. 다른 부모와의 의사소통 외에도, 장애아동의 부모는 아동의 또래와 자녀의 장애에 대해 이야기를 나눌 기회를 종종 갖는다(Turnbull & Turnbull, 1991). 특별한 장비에 대해 설명할 때 함께 자연스럽게 대화가 이루어질 수도 있다. 최근에 한 부모가 자녀의 장애에 대해 급우들과 이야기를 나눈 적이 있다.

브리타니는 4세의 비장애아동인데, 작년에 장애가 있는 오빠를 잃은 경험이 있다. 브리타니는 자주 오빠에 대해 이야기하며 슬픔을 표현한다. 브리타니가 말하는 것이나 감정표현으로 볼 때, 이 문제에 대해 많이 생각하였고 가족과 자주 이야기를 나눈 것으로 짐작된다. 특별한 가족 주(special family week: 아동의 가족이 학교를 방문하여 이야기를 나누고 활동을 하거나 아동이 자신의 가족에 대하여 다른 아이들과 이야기 나누는 주) 기간에 브리타니의 어머니가 학교를 방문하였다. 어머니는 브리타니의 한 살 된 동생과 함께 왔으며, 아동들에게 부드럽고 솔직하게 다음과 같이 이야기를 하였다 "……사실은 브리타니에게 형제가 둘이 있어요. 오빠인 마크는 태어났을 때부터 몸이 많이 아팠어요. 걸을 수도 없었고, 잘 먹지도 못했어요(이때 브리타니가 끼어 들며, '오빠는 배꼽에 튜브를 끼워 음식을 먹었어.' 라고 친구들에게 설명하였다.). 그리고 마크는 다섯 살 때 하늘나라에 갔어요. 우리 모두는 마크를 많이 그리워하고 날마다 생각해요. 때때로 너무 슬프지만, 마크가 우리와 함께 있을 때 참 행복했다는 것을 기억하고 마크를 기억할 수 있는 것들을 많이 갖고 있어요." 이때 브리타니가 친구들이 모두 볼 수 있도록 오빠의 사진을 돌렸다. 모든 아동들이 사진을 보았으며 모두 주의 깊게 이야기를 들었다. 이후에 학급에서 아무도 이에 대해 언급하지 않았지만, 자녀가 집에 돌아와 브리타니의 이야기를 하였다고 여러 부모들은 전하였다. 아동들은 그 이야기에 혼란스러워 한 것이 아니라 브리타니 가족에게 일어난 사건을 어느 정도 이해하였으며, 자신이 이해한 것을 부모와 나누고자 하였던 것이다. 부모들은 자녀가 사실을 있는 그대로 받아들이는 점이 매우 인상 깊었다고 전하였다.

장애를 지닌 급우에 대해 부모와 아동이 이야기를 나누는 것도 이와 유사하다. 아동의 질문에 부모가 반응하는 방법이 어떠하냐에 따라 아동이 장애를 지닌 급우를 수용하는 태도도 많은 영향을 받는다(Okagaki et al., 1998).

현장 적용을 위한 제안

교실의 구조가 장애를 지닌 또래에 대한 아동의 사고에 영향을 미친다는 사실은 연구에서 이미 보고되었다(Schnorr, 1990). 다음의 제안은 여러 연구결과와 우리 프로그램에서 실행한 것을 종합한 것으로서 현장에서의 실제 적용을 위한 제안이다.

- 치료가 학급 내에서 이뤄질 수 있도록 치료사와 협력한다.
- 비장애아동을 포함하여 치료활동이 이루어지게 치료사와 협력한다.
- 장애아동이 사용하는 보조기구에 대하여 아동이 관심을 갖도록 격려하고, 이를 살펴볼 수 있는 기회를 제공하며, 장애를 지닌 또래가 잘 사용하도록 돕는 방법을 모색한다.
- 간식, 점심 또는 집단시간과 같은 사회적 상황에서 아동이 비슷한 자리에 함께 앉게 한다. 우리 프로그램에서는 치료사가 여러 가지 보완적인 좌석배치를 개발하여 특별히 도움이 필요한 아동이 집단시간에 또래와 함께 앉을 수 있게 하였다.
- 각 아동이 할 수 있는 것들을 찾아내고, 다른 아동에게 이를 강

조한다.

- 아동 간에 공감대가 형성되는 긍정적인 성격 특성을 강조한다.
- 어떤 활동에서는 짝을 정해 주어 모든 아동이 또래와 함께 놀이할 수 있는 기회를 제공한다.
- 아동의 공통 관심사를 이용하여 또래 간의 상호작용을 촉진한다.

연구에 따르면, 장애인에 대한 비장애아동의 태도는 다음과 같은 요인과 상당히 밀접한 연관이 있다. 그 요인이란, 아동의 장애 인식(awareness of disability), 학교와 지역사회에서 장애아동 통합을 교사와 부모가 촉진하는 방식, 그리고 초기 학교경험에서 장애를 지닌 또래와 가진 상호작용의 성격과 범위 등이다. 장애를 지닌 또래가 학급활동에 확실하게 포함되어 있는 것에 대해 아동이 책임감을 갖거나(Salisbury & Palombaro, 1998), 휠체어를 탄 또래가 집단에서 친구들을 따라갈 수 있도록 기다려 주거나(Janney & Snell, 1996), 또는 또래에게 도움을 제공할 때(Richardson & Schwartz, 1998), 이러한 행동으로부터 아동이 급우의 장애 관련 제한점을 인식하고 있으며, 동시에 그 급우를 또래 집단의 일부로 여기고 있음을 우리는 알 수 있다.

참고문헌

Bigler, R. S., Jones, L. C., & Lobliner, D. B. (1997). Social categorization and the formation of intergroup attitudes in children. *Child Development, 68*, 530-543.

Brown, W. H., Odom, S. L., Li, S., & Zercher, C. (1999). Ecobehavioral assessment in early childhood programs: A portrait of preschool inclusion. *The Journal of Special Education, 33*, 138-153.

Buysse, V., Wesley, P. W, Bryant, D., & Gardner, D. (1999). Quality of early childhood programs in inclusive and noninclusive settings. *Exceptional Children, 65*, 301-314.

Conant, S., & Budoff, M. (1983). Patterns of awareness in children's understanding of disability. *Mental Retardation, 21*, 119-125.

Diamond, K. E., & Carpenter, C. (2000). The influence of inclusive preschool programs on children's sensitivity to the needs of others. *Journal of Early Intervention, 23*, 81-91.

Diamond, K. E., & Cooper, D. (2000). Children's perspectives on the roles of teachers and the therapists in inclusive early childhood programs. *Early Education and Development, 11*, 203-216.

Diamond, K. E., & Hestenes, L. (1994). Preschool children's understanding of disability: Experiences leading to the elaboration of the concept of hearing loss. *Early Education and Development, 5*, 301-309.

Diamond, K. E., & Hestenes, L. (1996). Preschool children's conceptions of disabilities: The salience of disability in children's ideas about others. *Topics in Early Childhood Special Education, 16*, 458-475.

Diamond, K. E., Hestenes, L., Carpenter, E., & Innes, F. (1997). Relationships between enrollment in an inclusive class and preschool children's ideas about people with disabilities. *Topics in Early Childhood Special Education, 17*, 520-536.

Goodman, J. (1989). Does retardation mean dumb? Children's perceptions of the nature, cause, and course of mental retardation. *The Journal of Special Education, 23*, 313-329.

Guralnick, M. J., Connor, R., Hammond, M., Gottman, J. M., & Kinnish, K. (1996). Immediate effects of mainstreamed settings on the social interactions and social integration of preschool children. *American Journal on Mental Retardation, 100*, 359-378.

Innes, F., & Diamond, K. E. (1999). Typically developing children's interactions with peers with disabilities: Relationships between mothers' comments and children's ideas about disabilities. *Topics in Early Childhood Special Education, 19*, 103-111.

Janko, S., Schwartz, I., Sandall, S., Anderson, K., & Cottam, C. (1997). Beyond microsystems: Unanticipated lessons about the meaning of inclusion. *Topics in Early Childhood Special Education, 17*, 286-306.

Janney, R. E., & Snell, M. E. (1996). How teachers use peer interactions to include students with moderate and severe disabilities in elementary general education classrooms. *Journal of the Association for Persons with Severe Handicaps, 21*, 72-80.

Kliewer, S. (1999). Seeking the functional. *Mental Retardation, 37*, 151-154.

McWilliam, R. A. (1996). A program of research on integrated vs. isolated treatment in early intervention. In R. A. McWilliam (Ed.),

Rethinking pull-out services in early intervention: A professional resource (pp. 71-102). Baltimore: Paul H. Brookes.

Okagaki, L., Diamond, K. E., Kontos, S., & Hestenes, L. (1998). Correlates of young children's interactions with classmates with disabilities. *Early Childhood Research Quarterly, 13*, 67-86.

Peck, C. A., Carlson, P., & Helmstetter, E. (1992). Parent and teacher perceptions of outcomes for non-handicapped children enrolled in integrated early childhood programs: A statewide study. *Journal of Early Intervention, 16*, 53-63.

Ramsey, P. G., & Myers, L. C. (1990). Salience of race in young children's cognitive, affective, and behavioral responses to social environments. *Journal of Applied Developmental Psychology, 11*, 49-67.

Richardson, P., & Schwartz, I. S. (1998). Making friends in preschool: Friendship patterns of young children with disabilities. In L. H. Meyer, H. S. Park, M. Grenot-Scheyer, I. S. Schwartz, & B. Harry (Eds.), *Making friends: The influences of culture and development* (pp. 65-80). Baltimore: Paul H. Brookes.

Salisbury, C., & Palombaro, M. (1998). Friends and acquaintances: Evolving relationships in an inclusive elementary school. In L. H. Meyer, H. S. Park, M. Grenot-Scheyer, I. S. Schwartz, & B. Harry (Eds.), *Making friends: The influences of culture and development* (pp. 81-104). Baltimore: Paul H. Brookes.

Schnorr, R. (1990). "Peter? He comes and goes...": First graders' perspectives on a part-time mainstream student. *Journal of the Association for Persons with Severe Handicaps, 15*, 231-240.

Stoneman, Z. (1993). Attitudes toward young children with disabilities:

Cognition, affect, and behavioral intent. In C. Peck, S. Odom, & D. Bricker (Eds.), *Integrating young children with disabilities in community programs: From research to implementation* (pp. 223-248). Baltimore: Paul H. Brookes.

Turnbull, A. P., Pereira, L., & Blue-Banning, M. J. (1999). Parents' facilitation of friendships between their children with a disability and friends without a disability. *Journal of the Association for Persons with Severe Handicaps, 24*, 85-99.

Turnbull, R., & Turnbull, A. P (1991). Including all children. *Children Today, 20*(2), 3-5.

U.S. Census Bureau (1998). *Current population survey report: School enrollment-social and economic characteristics of students.* Washington, DC: U.S. Census Bureau.

Wolery, M., Holcombe, A., Brookfield, S., Huffman, K., Schroeder, C., Martin, C. G., Venn, M. L., Werts, M. G., & Fleming, L. A. (1993). The extent and nature of preschool mainstreaming: A survey of general early educators. *The Journal of Special Education, 27*, 222-234.

통합환경에서의 학습 패스포트

Karla Hull, Ed.D., Valdosta State University
Martha L. Venn, Ph.D., Valdosta State University
Julia M. Lee, Ph.D., Valdosta State University
Melissa Van Buren, M.A., Valdosta State University

당신의 프로그램에서 아동이 성공할 수 있도록 계획을 잘 세운다면 아동은 유치원 경험을 최대한 활용할 수 있게 된다. 이는 어떤 의미에서, 아동이 학습하기 위한 패스포트(passport)를 환경에서 준비하는 것과 같다. 패스포트는 당신이 누구인지 증명하는 문서이며, 새로운 활동과 경험에의 접근권을 제공한다. 마찬가지로, 학습 패스포트(passport for learning)는 개개 아동이 다양한 상황과 활동에 적극적으로 참여할 수 있게 계획하기 위해 아동의 독특한 특성에 대해 생각해 보는 방법이다.

일반적인 유치원 환경에 등록된 장애유아는 자신의 발달 능력을 높일 수 있는 기회를 무궁무진하게 가질 수 있다. 사실상, 통합 유치원 환경은 향상된 사회적 능력과 높은 수준의 놀이기술을 촉진하는 것으로 나타나며, 또한 새롭게 습득한 기술을 좀 더 기능적인 환경에서 사용할 수 있는 기회를 많이 제공하는 것으로 나타났다 (Demchak & Drinkwater, 1992; Diamond, Hestenes, & O'Connor,

1994). 그러나 일반적인 유치원 프로그램에 단지 다니는 것만으로는 충분하지 않다. 장애아동이 유치원 경험을 접하고 이를 잘 활용할 수 있게끔 지원하기 위해서는 아동의 주 양육자, 유치원 교사, 그리고 가능한 관련 서비스 전문가들(언어병리사, 작업치료사, 물리치료사)을 포함한 팀의 협력이 필요하다(Minzenberg, Laughlin, & Kaczmarek, 1999). 구체적으로 프로그램에서 어떻게 하면 아동이 환경을 최대한 활용할 수 있을까?

'할 수 있다' 사고

먼저, 유치원의 일과 및 활동 속에서 아동이 할 수 있는 것과 아동이 선호하는 것이 무엇인지 알아냄으로써 아동의 패스포트를 만들 수 있다. 우리는 이를 '할 수 있다(can-do)' 사고라고 부른다. 그 이유는 아동의 선호를 찾아서 이에 초점을 맞추고 아동이 특정 환경에서 일반적으로 활동하는 방법을 파악하기 때문이다(Hull, Capone, Giangreco, Ross-Allen, 1996). '할 수 있다' 모형은 학습에서 아동 선호의 역할에 관한 연구와 일상적인 일과 속에 삽입된 중재전략에 기초를 두고 있다(Bricker, Pretti-Frontczak, McComas, 1998; Dyer, Dunlap, & Winterling, 1990; Koegel, Dyer, & Bell, 1987; Venn, Wolery, Fleming et al., 1993; Wolery, 1994).

아동이 선호하는 것에 초점을 맞추는 데는 여러 가지 이유가 있는데, 우선 장애가 있는 유아는 선호하는 활동에 더 많이 주의를 기울이며, 이에 따라 부적절한 행동이 감소하고 학습능률이 올라간다는 사실에 따른 것이다(Dyer, Dunlap, & Winterling, 1990; Koegel, Dyer, & Bell, 1987). 일상활동과 일과 속에서 아동이 무엇을 할 수 있는지를 이해함으로써 활동중심의 중재(Bricker, Pretti-Frontczak, & McComas, 1998), 우연적 교수 및 환경중심 중재(Hart & Risley, 1980; Kaiser, Yoder, & Keetz, 1992; Venn, Wolery, Werts, et al., 1993)를 하루 중 자연스럽게 발생하는 학습기회 속에 삽입할 수 있게 된다.

아동을 직접적으로 관찰하고 아동의 주 양육자와 협력하여 다양한 활동과 일과 중에 일반적으로 어떻게 행동하고 반응하는지를 파악함으로써 아동의 기능적 능력(functional competence)에 대해 알 수 있다. 또한 여러 활동과 상황에서 아동이 무엇을 좋아하고 무엇을 할 수 있는지에 대해서도 알 수 있다.

쉘비가 좋아하는 것은 무엇일까

쉘비는 4세로서 다운증후군을 지녔으며, 최근에 통합 유치원 프로그램에 등록하였는데, 이 프로그램은 초등학교 건물 안에 있다. 쉘비는 다른 21명의 유아들과 함께 학습할 것인데, 장애유아와 비장애유아가 섞여 있다. 쉘비가 유치원 교실에서 노는 모습을 관찰한 뒤, 쉘비의 팀(엄마, 언어 병리사, 유치원 교사, 특수교사)은 함께 모여서 쉘비가 이 프로그램에서 경험하는 것을 최대한 활용하기 위한 방안에 대해 대화를 나누었다. 먼저 다음과 같은 질문을 토대로 쉘비가 선호하는 것들을 검토하였다.

- 쉘비가 무엇을 하는 데 흥미를 갖고 있는가?
- 유치원 환경에서 쉘비에게 선택이 주어진다면, 쉘비는 대부분의 시간을 어디에서 보내는가?
- 쉘비가 선호하는 자료는 무엇이며, 또래 중 누구를 좋아하는가?
- 하루 중 쉘비가 좀 더 활동적으로 변하는 시간이 있는가?

쉘비 팀은 이러한 질문들을 바탕으로 토론하면서 쉘비가 흥미를 가질 만한 활동들을 파악하게 된다. 그래서 새로운 학습경험이 쉘비가 선호하는 활동 속에서 이루어지도록 편안하고 매력적인 환경을 만들 수 있다.

쉘비가 할 수 있는 것들은 무엇일까

'할 수 있다' 차트는 하나의 계획 매개체로서 학급이나 보육환경에서의 주요 활동 또는 일과 속에서 아동의 행동을 정확하게 관찰하고 이를 기록하는 데 도움이 된다. [그림 1]은 쉘비의 '할 수 있다' 차트의 예를 보여 주고 있다.

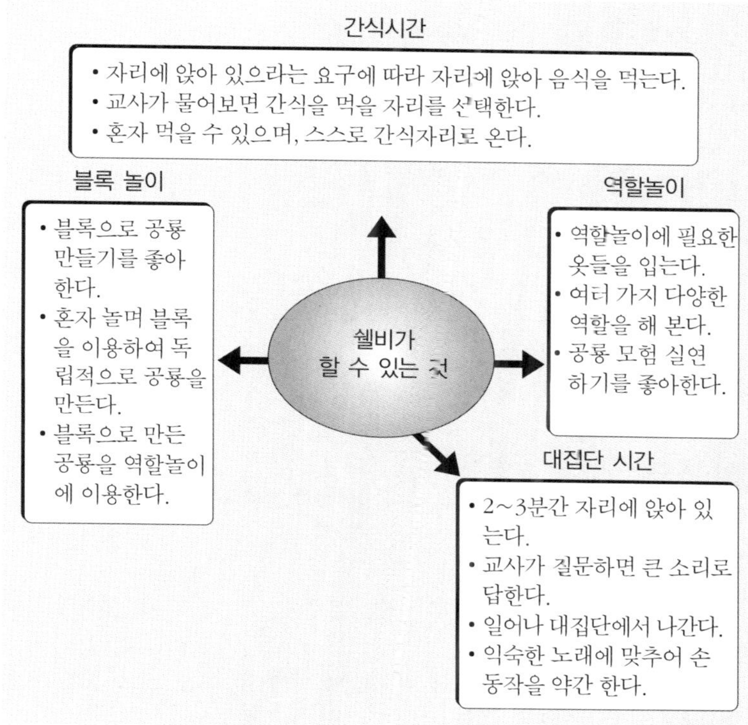

[그림 1] 쉘비의 '할 수 있다' 차트

쉘비의 '할 수 있다' 차트를 보면, 쉘비가 다양한 활동에서 어떻게 행동하는지를 알 수 있다. 여기에서 얻은 정보와 쉘비의 어머니가 제공하는 정보를 모아, 쉘비의 능력에 대해 요약할 수 있다. [그림 2]와 같은 목록(inventory)이 아동의 능력과 요구를 요약한 것인데, 주 양육자와 유치원 또는 조기중재 전문가가 협력하여 이 목록을 채울 수 있다.

1. 이동성

A. 쉘비는 ________ 를 이용하여 한 장소에서 다른 장소로 이동한다.

2. 의사소통

A. 쉘비가 이해하고 있음을 쉘비의 ________ 로서 알 수 있다.

B. 쉘비는 ________ 로서 자신이 좋아하는 것, 싫어하는 것, 원하는 것을 말한다.

3. 인지

A. 쉘비는 자신이 생각하는 것을 ________ 으로 표현한다.

B. 쉘비는 새로운 것들을 ________ 에 의하여 가장 쉽게 배운다.

4. 자기 관리

A. 쉘비는 옷 갈아입을 때와 목욕할 때 ________ 한다.

B. 쉘비는 먹을 때와 용변을 볼 때 ________ 한다.

5. 사회화

A. 쉘비는 ________ 에 의하여 다른 아동들과 사회화하고 관계 맺는다.

B. 쉘비는 ________ 에 의하여 가족구성원들과 사회화하고 관계 맺는다.

6. 놀이

A. 쉘비가 다른 아동들과 놀이하는 방법은 ________ 와 같이 설명할 수 있다.

B. 쉘비가 장난감이나 물건으로 놀이하는 방법은 ________ 와 같이 설명할 수 있다.

C. 쉘비가 책과 상호작용하는 방법은 ________ 와 같이 설명할 수 있다.

[그림 2] 쉘비의 '할 수 있다' 목록

효과적인 통합경험을 위한 계획

통합환경의 효율성을 높이기 위해서는 계획을 잘 세우는 것이 중요하다(Salisbury, Mangino, Petrigala, Rainforth, & Syryca, 1994; Santtos, Lignugaris/Kraft, & Akers, 1999; Venn, 1997; Wolery, 1994). 먼저 학습환경을 점검해 보면, 모든 아동을 더욱 확실하게 지

원할 수 있도록 일상적인 일과와 교사의 역할을 수정할 수 있는 방법들을 찾을 수 있다.

교사는 무엇을 할 수 있는가

쉘비가 지닌 능력과 선호에 관한 정보를 수집한 후 쉘비 팀은 유치원 학급에서의 활동, 일과, 자료, 교사의 역할에 대해 검토하였다. 팀에서 검토한 것들은 일과 중에 쉘비가 무엇을 하도록 기대되는지 그리고 쉘비가 환경을 충분히 경험할 수 있도록 어디에서 지원이 필요한지를 살펴보았다. 유치원 교실을 분석할 때 쉘비팀은 다음과 같은 질문들을 지침으로 이용하였다.

1. 일상적인 활동과 일과는 어떤 구조를 갖추고 있는가?

모든 일과와 활동은 시작, 중간, 끝이 있다. 활동/일과의 각 요소들을 자세하게 분석하면, 아동의 독특한 요구에 대처할 수 있는 기회를 찾거나 만들어 낼 수 있다.

2. 활동과 일과에서 어떤 것들이 아동에게 기대되는가?

특정한 활동/일과 중에 교사가 기대하는 것을 아동에게 구어적, 비구어적으로 표현하는 경우가 흔히 있다. 교사의 기대치는 개별 아동의 강점과 요구에 근거하기보다는 아동 전체를 집단으로 보는 견해에 의한 것일 수 있다. 각 아동이 어떤 활동/일과에 어떻게 반응하는지를 이해하고, 아동에 대한 교사의 기대치가 과연 아동의 발달적 요구와 독특한 선호에 부합되는지 여부를 자문해 보아야 한다.

3. 교사는 하루 종일 어떤 유형의 역할을 취하는가?

하루 전체에 걸쳐서 교사는 일인 다역을 한다. 어떤 때는 잠깐 사이에 역할을 바꾸기도 한다. 계획을 하는 동안, 특정 활동/일과에서의 교사의 전형적인 역할을 살펴보는 것이 좋다. 활동/일과 중 아동이 성공할 수 있도록 교사가 어떻게 지원하는지를 파악할 수 있을 것이며, 또한 특정 아동이 성공하도록 도움을 줄 수 있는 새로운 역할이 무엇인지도 찾을 수 있을 것이다.

[그림 3]의 일상적인 일과 분석은 교사가 활동이나 일과를 분석할 때 고려할 수 있는 지침이 일련의 질문들로서 제공된 것이다.

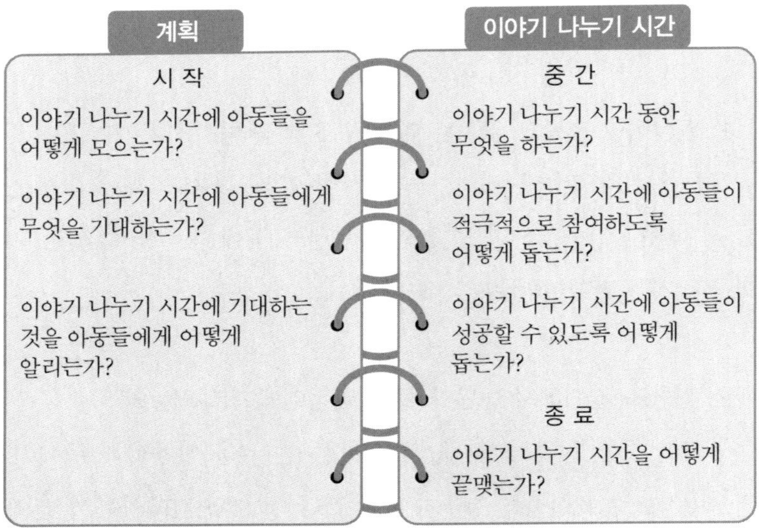

[그림 3] 일과 분석

매일의 패스포트 목표 파악하기

쉘비의 개별화교육계획에는 활동에 참여하는 시간을 늘리는 것과 의사소통의 양과 질을 높이는 것에 관련된 장기 목표 및 단기 목표가 들어 있다. 쉘비 팀은 이 장 · 단기 목표들이 하루 전체에 걸쳐 확실하게 다루어지며 쉘비가 새로운 기술을 학습하고 연습할 수 있는 충분한 기회가 제공되기를 원하였다. 쉘비 팀은 개별화교육계획을 로드맵(road map) 삼아, 쉘비가 무엇을 할 수 있는지를 파악하고 현재 학습환경의 특성과 기대치를 살펴보았다. 이러한 방법으로서 쉘비가 유치원 경험을 최대한 활용할 수 있도록 지원하는 구체적인 방법을 찾을 수 있었다. 다음과 같은 일련의 질문들을 이용하여 쉘비가 이야기 나누기 시간에 더 많은 것을 얻을 수 있고, 지식과 기술을 향상시킬 수 있는 매일의 목표를 정하였다.

현재 쉘비가 이야기 나누기 시간에 하는 행동에 근거하여 다음과 같은 질문을 할 수 있다.

- 쉘비가 같은 행동을 하기를 바라는가?
  - 교실의 더 많은 영역에서?
  - 새로운 파트너와?
  - 더 오랫동안?
  - 새로운 활동에서?
- 쉘비가 새로운 행동을 학습하기를 바라는가?
- 쉘비가 현재 하는 행동의 복잡성이 증대되기를 바라는가?

–새로운 단계를 추가함으로써?

–정확성을 높임으로써?

이야기 나누기 시간에 쉘비가 자신의 매트 위에 좀 더 오랫동안 앉아 있고(앉아 있는 것은 이미 하고 있음), 활동에 좀 더 적극적으로 참여하기를 쉘비 팀은 바랐다. 쉘비가 익숙한 노래에는 이미 몇 가지 율동을 하고 있으므로, 쉘비가 노래의 몇 마디를 부를 수 있게 하여 그 행동의 복잡성을 좀 더 높이고자 쉘비 팀은 결정하였다. 교사들은 이를 어떻게 성취할 것인가? 지금까지 모은 정보들('할 수 있다' 차트와 목록)을 이용하여 쉘비를 통합하는 계획을 세울 수 있다.

반응적인 환경 조성

마지막 단계는 쉘비의 능력 및 요구와 교실의 학습환경 간의 조화를 이루는 것이다. 쉘비의 학습 패스포트를 위해 수집된 정보는 반응적 환경을 개발하는 체제를 제공한다. 유치원 환경은 활동의 일정, 다양한 활동과 일과에 이용되는 교구와 장난감의 유형, 아동 간의 상호작용의 유형, 교사와 아동 간의 상호작용의 유형을 포함한다(Bailey & Wolery, 1992). 〈표 1〉에 제시된 개별계획표는 쉘비의 유치원 학습을 최대화할 수 있게 변화가 필요한 활동 일정표, 이용되는 자료, 필요한 교사 지원 등을 파악하는 데 도움이 된다.

교실의 활동과 일과에 근거한 쉘비의 차트와 목록에서 정보를 얻어 쉘비 팀은 패스포트 단기 목표를 설정하였다. 반응적인 환경을

〈표 1〉 개별적인 이야기 나누기 시간 계획

이 활동/일과에서 다른 아동들은 주로 무엇을 하는가?	이 활동/일과에서 쉘비는 주로 무엇을 하는가?	쉘비의 패스포트 단기 목표는 무엇인가?	이 활동/일과에서 교사는 쉘비를 지원하기 위해 무엇을 하는가?
• 대부분의 아동은 20분간 매트에 앉아 있는다. • 대부분의 아동은 교사의 질문에 응답하기 위해 손을 든다. • 대부분의 아동은 익숙한 노래를 따라 부르고 손동작을 한다.	• 쉘비는 2~3분간 매트에 앉아 있는다. • 쉘비는 교사의 질문에 큰 소리로 답한다. • 쉘비는 이야기 나누기 시간에 일어나서 자리를 벗어난다. • 익숙한 노래를 듣고서 쉘비는 손동작을 약간 한다.	• 쉘비는 좀 더 오랫동안 매트에 앉아 있을 것이다. • 쉘비는 노래를 부르고 율동을 함으로써 율동(action song)에 좀 더 많이 참여할 것이다.	• 쉘비 옆에 앉아 참여를 독려할 수 있다. • 이야기 나누기 시간에 신체적 움직임을 늘리고, 앉아서 듣는 시간은 줄일 것이다. • 이야기 나누기 시간에 쉘비가 좋아하는 노래를 직접 선택하도록 격려할 것이다.

만들기 위해서는 활동과 일과의 일정과 길이가 아동의 요구에 맞게 수정될 필요가 있는지를 결정하여야 한다. 쉘비의 개별계획표에 따르면, 교사가 쉘비 옆에 앉아 매트에 좀 더 오래 앉아 있도록 도움을 준다. 또 다른 방법은 이야기 나누기 시간을 줄이거나 2회로 나누는 것이다. 2회로 나눌 때는 쉘비가 좋아하는 활동을 먼저 하는 것이 좋다. 그 이후에 이야기 나누기 시간을 차츰 늘릴 수 있다. 환경에서 제공하는 자료의 유형으로서는 노래할 때 쉘비에게 소품을 제공하여 참여를 북돋울 수 있다. 교수적인 상호작용을 포함하여, 모든 상

호작용 기회는 반드시 계획되고 점검되어야 한다. 교수적 상호작용은 환경 조정(예: 새로운 장난감 이용)이나 좀 더 직접적인 교수전략으로 구성될 수 있다. 마지막으로, 효과적으로 의사소통하고 협력하고 변화되는 쉘비의 강점과 요구에 맞춘 반응적인 환경에서 쉘비의 패스포트는 지속적으로 수정 · 보완될 것이다.

주

교신저자 Karla Hull: khull@valdosta.edu

참고문헌

Bailey, D. B., & Wolery, M. (1992). Designing and arranging environments. In D. Bailey & M. Wolery (Eds.), *Teaching infants and preschoolers with disabilities* (2nd ed.) (pp.198-228). NewYork: Macmillan Publishing Company.

Bricker, D., Pretti-Frontczak, K., & McComas, N. (1998). *An activity based approach to early intervention: Second edition*. Baltimore: Paul H. Brookes.

Demchak, M. A., & Drinkwater, S. (1992). Preschoolers with severe disabilities: The case against segregation. *Topics in Early Childhood Special Education, 11*, 70-83.

Diamond, K. E., Hestenes, L. L., & O'Connor, C. E. (1994). Integrating young children with disabilities in preschool: Problems and promise. *Young Children, 49*, 68-75.

Dyer, K., Dunlap, G., & Winterling, V. (1990). Effects of choice making on the serious problem behaviors of students with severe handicaps. *Journal of Applied Behavior Analysis, 23*, 515-524.

Hart, B., & Risley, T.R. (1980). In vivo language intervention: Unanticipated general effects. *Journal of Applied Behavior Analysis, 8*, 407-432.

Hull, K., Capone, A., Giangreco, M., & Ross-Allen, J.(1996). Through their eyes: Creating functional, child-sensitive, individualized education programs. In R. A. McWilliam(Ed.), *Rethinking pull-out services in early intervention: A professional resource* (pp.103-119). Baltimore: Paul H. Brookes.

Kaiser, A., Yoder, P., & Keetz, A. (1992). Evaluating milieu teaching. In S. F. Warren & J. Reichle (Eds.), *Causes and effects in communication and language intervention: Volume 1* (pp. 9-47). Baltimore: Paul H. Brookes.

Koegel, R. L., Dyer, K., & Bell, L. K. (1987). The influence of child-preferred activities on autistic children's social behavior. *Journal of Applied Behavior Analysis, 20*, 243-252.

Minzenberg, B., Laughlin, J., & Kaczmarek, L., (1999). Early childhood special education in the developmentally appropriate classroom: A frame work for conversation. *Young Exceptional Children, 2*, 10-17.

Salisbury, C. L., Mangino, M., Petrigala, M., Rainforth, B., & Syryca, S. (1994). Promoting the instructional inclusion of young children with disabilities in the primary grades. *Journal of Early Intervention, 18*, 311-322.

Santos, R. M., Lignugaris/Kraft, B., & Akers, J. (1999). Tips on planning center time activities for pre-school classrooms. *Young Exceptional Children, 2*, 9-16.

Venn, M. L. (1997). *Exploring the long-and short-term planning practices of Head Start teachers with regards to children with and without disabilities.* Unpublished doctoral dissertation, University of Illinois at Urbana-Champaign, Champaign.

Venn, M. L., Wolery, M., Fleming, L., DeCesare, L., Morris, A., & Sigesmund, M. H. (1993). Effects of teaching preschool peers to use the mand-model procedure during snack activities. *American Journal of Speech-Language Pathology: A Journal of Clinical Practice*, 38-46.

Venn, M. L., Wolery, M., Werts, M. G., Morris, A., DeCesare, L., & Sigesmund, M. H. (1993). Using progressive time delay in arts/crafts activities to teach peer imitation to preschoolers with disabilities. *Early Childhood Research Quarterly, 8*(3), 277-295.

Wolery, M. (1994). Implementing instruction for young children with special needs in early childhood classrooms. In M. Wolery & J. S. Wilbers (Eds.), *Including children with special needs in early childhood programs* (pp. 97-118). NAEYC: Washington, DC.

자연적 환경 및 통합 자원

일상의 일과, 활동, 장소에서 영유아 통합을 지원하는 추가적인 자원들을 소개하였다. 여기에서 소개하는 자원은 개인적으로 구입할 만한 저가에서부터 기관이나 학교 차원에서 구입하기에 적합한 고가의 자원까지 다양하다.

Camille Catlett, M.A., University of North Carolina at Chapel Hill

책

▶ 활동중심의 조기중재, 제2판(An Activity-Based Approach to Early Intervention)(2nd ed.)

by D. Bricker, K. Pretti-Frontczak, & N. McComas

대폭 개정된 제2판에서는 장애 유무에 상관없이 모든 영유아들을 효과적, 효율적으로 지도할 수 있는 자연적인 방법들을 다루었다. 사용하기 편리한 형식으로 가정과 지역사회 환경에서 활동중심 중재를 적용하는 구체적인 방법을 알려 주며, 활동중심 중재가 왜 아동에게 도움이 되는지를 설명하였다.

(출판사: Baltimore: Paul H. Brookes.)

▶ 통합 보육 및 교육과정: 유아프로그램에서의 실제적인 전략들(Child Care+ Curriculum on Inclusion: Practical Strategies for Early Childhood Programs)

Montana University Affiliated Rural Institute on Disabilities

이 교육과정의 접근은 매우 독특한데, 장애 유무에 상관없이 모든 아동에게 질적으로 우수한 보육을 제공함으로써 모든 아동이 잘 성장하고 성공적으로 학습할 수 있음을 강조한다. 내용은 통합의 역사부터 가족과 협력관계를 맺는 방법 및 학습환경 배치에 이르기까지 많은 정보들이 망라되어 있으며, 각 장마다 활동, 예제, 양식 등이 포함되어 있다.

(출판사: Montana University Affiliated Rural Institute on Disabilities)

Attn: Amy Hill

The University of Montana

634 Eddt Avenue

Missoula, MT 59812-6696

(406) 243-6355

Fax: (406) 243-4730

웹사이트: ruralinstitute@umt.edu

▶ 통합교육의 실제: 교육 및 연구의 기초: 통합교육 최상의 실제에 대한 문헌 통합(Inclusive Schooling Practices: Pedagogical and Research Foundations: A Synthesis of the Literature That Informs Best Practices About Inclusive Schooling)

by G. McGregor, & T. Vogelsberg

제목은 딱딱하고 길지만 훌륭한 자원이다. 이 책은 통합교육 최상의 실제에 대한 문헌들을 완벽하게 통합한 정보를 제공하고 있다. 방법, 모형, 사례, 예제 및 결과 등이 집단별로(장애아동, 비장애아동, 부모, 교사 등) 상세하게 설명되어 있다. 이 책의 인세는 필라델피아 공공 이익 법률센터에 기부되는데, 기금은 가족들이 통합서비스를 받을 수 있도록 지속적인 도움을 제공하기 위해 사용된다.

(출판사: Baltimore: Paul H. Brookes.)

▶ 일상환경에서의 유치원 중재 전략: 교육자와 가족을 위한 비디오보조 프로그램(Strategies for Preschool Intervention in Everyday Settings (SPIES): A Video-Assisted Program for Educators and Families)

by S. Rule, & B. Lancelot

일상의 환경에서 사용할 수 있게 고안된 매우 구체적인 자료로서, 아동이 새로운 기술을 학습하고 숙달할 수 있도록 도움를 제공하는 전략들을 소개하고 있다. 촉진자 자료, 참여자 자료, 지침용 비디오 자료 등이 포함되어 영·유아 지도의 구체적인 예를 제공하고 있다. 교원양성 혹은 성인교육을 담당하는 기관, 대학, 기타 단체에게는 무상으로 자료를 제공하고 있다(http://www.cpd.usu.edu/SPIES/

default.htm).

(출판사: Connie Panter)

Center for persons with disabilities

Utah State University

6800 Old Main Hall

Logan, UT 84322-6818

(435) 797-1993

Fax: (435) 797-3944

E-mail: connie@cpd2.usu.edu

웹사이트: http://www.cpd.usu.edu/SPIES/default.htm

비디오 자료

▶ 통합보육의 ABC(ABCs of Inclusive Child Care)

Dependent care management group

14분 분량의 비디오테이프로서 문화적으로 다양한 부모, 서비스 제공자, 아동에게 미치는 통합의 효과를 묘사하고 있다. 자막이 있으며, 가격 또한 적당하고 복사가 가능하다. 자연적 환경에 장애아동을 통합하는 주제를 소개하기에 적절한 테이프다.

구입처: Texas planning council on developmental disabilities

4900 N. Lamar Blvd

Austin, TX 78751-2399

(512) 424-4080; TTY: (512) 424-4099; (800) 262-0334

Fax: (512) 424-4097

E-mail: txddc@rehab.state.tx.us

웹사이트: http://www.rehab.state.tx.us/tpcdd/index.htm

▶ 한 아이: 일상의 일과, 활동, 장소에서의 서비스와 지원(Being a Kid: Services and Supports in Everyday Routines, Activities, and Places)

by Edelman (Producer)

유아와 가족이 동네의 놀이터에서 물리치료사와 함께하는 짧은 장면을 6분간 담고 있다. 기능적 치료목표를 일과와 장소에서 통합하기 위해 치료사와 가족이 협력하는 모습을 반성적인 인터뷰를 통하여 보여 주고 있다.

구입처: Western media products

P.O. Box 591

Denver, CO 80201

(800) 232-8902

Fax: (303) 455-5302

웹사이트: http://www.media-products.com

▶ 영아를 위한 가족 주도의 활동중심 중재(Family-Guided Activity-Based Intervention for Infants and Toddlers)

J. W. Cripe (Executive producer) & J. Crabtree(Director)

특수유아가 가정과 지역사회 환경에서 필수적인 기술을 습득할 수 있도록 부모와 기타 양육자가 일과와 활동을 이용하는 방법을 전문가가 지도할 때 이 실제적인 비디오테이프를 유용하게 이용할 수 있다. 테이프에서 다룬 주제는 활동중심 교수방법이며, 이는 아동의 발달을 촉진하고, 가족의 일상 계획을 보완하며, 아동의 개별화서비스가족계획의 목표를 다루고, 가족의 상호작용을 촉진하는 방법이다.

구입처: Baltimore: Paul H. Brookes.

▶ 같은 시간, 같은 장소(Same Time, Same Place)

Purdue university, Continuing education administration

다양한 환경에서의 장애아동을 보여 주는 비디오테이프로서, 중증장애아동의 보육기관 통합과정을 지원하기 위해 다양한 협력자(가족, 교사, 의료진 및 치료사)의 역할과 책임을 강조하는 내용을 담았다.

구입처: Self-directed learning programs

Purdue University

1586 Stuart center, Room 116

West Lafayette, IN 47907

(800) 830-0269

Fax: (765) 496-2484

▶ 친구 만들기(To Have a Friend)

Portage project

다양한 문화와 능력을 지닌 유아들의 자연적 환경에서의 모습이 섬세하게 그려진 6분 분량의 잘 만들어진 비디오테이프다. 이 테이프는 토의를 시작할 때나 강의를 마무리할 때 사용하기에 특히 좋으며, 토론 주제와 관련 활동이 포함되어 있다.

구입처: Portage project

CESA 5

626 East Slifter street

Portage, WI 53901

(800) 862-3725 x268

Fax: (608) 742-2384

웹사이트: www.portageproject.org/brochure/mat_ls.htm

▶ 그래, 넌 할 수 있어! 가정보육시설에서의 장애영아보육(Yes, You Can Do It! Caring for Infants and Toddlers With Disabilities in Family Child Care)

Children's foundation

장애를 지닌 영아를 돌보는 부모와 보육제공자가 전하는 메시지와 이들이 보여 주는 긍정적인 이미지를 담은 15분 분량의 비디오테이프다. 동반되는 매뉴얼은 통합을 지원하는 추가적인 자원이 된다.

구입처: Children's foundation publication department

725 15th street, NW suite 505

Washington, DC 20005-2109

(202) 347-3300

Fax: (202) 347-3382

웹사이트: www.childrenfoundation.net

웹사이트

▶ 통합의 모든 것(Circle of Inclusion)

유아기 서비스제공자와 가족을 위한 사이트로, 0~8세 아동을 위한 통합교육 프로그램의 효과적인 실제에 대한 정보와 시범기관을 소개하고 지침, 양식, 매뉴얼, 논문, 기타 자료들을 제공한다.

http://www.circleofinclusion.org/

▶ 유아기통합연구소(Early Childhood Research Institute on Inclusion: ECRII)

5년간 실시한 장애유아 통합 프로젝트 결과에 따라 개발된 자료를 제공하는데, 유치원, 보육시설, 지역사회 환경 통합에 관한 연구 요약 보고서, 성명서, 책, 특집호 및 기타 자료들이 포함되어 있다.

http://www.fpg.unc.edu/~ecrii/

▶ 가족 주도의 협력적 조기중재 훈련 및 서비스 접근(Family-Guided Approaches to Collaborative Early Intervention Training and Services: FACETS)

자연적 환경에서 아동의 발달을 지원하는 기술을 습득하기 위한 훈련 모듈, 교수활동, 가족의 이야기 등을 제공한다.

http://www.parsons.lsi.ukans.edu/facets

▶ 통합: 너, 나, 우리(Inclusion: Yours, Mine, Ours)

통합에 대한 굳은 신념을 지닌 교사집단이 만든 사이트로, 성공적인 통합경험을 창출하기 위해 고군분투하는 동료들을 지원하기 위한 목적으로 개발되었다. 연구정보, 실제 성공 스토리, 도전적 행동관리 전략을 포함한 여러 영역에 걸친 많은 자원을 제공한다.

http://rushservices.com/Inclusion/

▶ 통합의 비결(Keys to Inclusion)

유아기 기술적 지원체계(National Early Childhood Technical Assistance System: NECTAS) 사이트로서 통합과 자연적 환경에 대한 행정적 지원 목적으로 개발되었다. 효과적인 실제에 관한 예, 재정적 자원, 협력적 활동, 연구, 법률, 정책 등에 관한 내용이 포함되어 있다.

http://www.nectas.unc.edu/inclusion/

▶ 사전 준비: 장애아동의 헤드 스타트 프로그램 통합(Setting the Stage: Including Children with Disabilities in Head Start)

통합에 관한 구체적이고 실제적인 정보, 활동, 유인물을 찾고 있다면, 이 사이트가 유용할 것이다.

http://www.bmcc.org/Headstart/Setting/Preface.htm

편저자 소개

Susan Sandall, Ph.D.
University of Washington

Michaelene Ostrosky, Ph.D.
University of Illinois, Urbana-Champaign

역자 소개

김진희

University of Illinois, Urbana-Champaign 특수교육과 졸업(Ph.D.)

현) 인제대학교 특수교육과 교수

〈주요 저서〉

특수아동교육의 실제(공저, 교육과학사, 2005)

정신지체아교육(공저, 양서원, 2002)

백유순

Ohio State University 특수교육과 졸업(Ph.D.)

현) 나사렛대학교 유아특수교육과 교수

〈주요 저서 및 역서〉

유아특수교육개론(2판, 공저, 학지사, 2009)

자연적 환경에서의 장애유아 교육방법(공역, 학지사, 2008)

유아특수교육론(공역, 박학사, 2004)

장애유아통합교육방법(공역, 양서원, 2003)

특별한 영유아
모노그래프 시리즈 2호
자연적 환경과 통합

2010년 6월 25일 1판 1쇄 인쇄
2010년 6월 30일 1판 1쇄 발행

편저자 • Susan Sandall, Michaelene Ostrosky
옮긴이 • 김진희 · 백유순
펴낸이 • 김진환
펴낸곳 • (주) 학지사
121-837 서울시 마포구 서교동 352-29 마인드월드빌딩 5층
대표전화 • 02-330-5114 팩스 • 02-324-2345
등록번호 • 제313-2006-000265호

홈페이지 • http://www.hakjisa.co.kr
커뮤니티 • http://cafe.naver.com/hakjisa

ISBN 978-89-6330-434-2 94370
978-89-6330-432-8 (set)

정가 9,000원

역자와의 협약으로 인지는 생략합니다.
파본은 구입처에서 교환해 드립니다.